JN012274

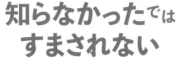

知らなかったでは
すまされない

外国人雇用の
在留資格判断に
迷ったときに読む本

［編］行政書士法人 シンシアインターナショナル

［著］鶴野 祐二　山岸 孝浩　太田 洋子

税務経理協会

は じ め に

　日本に入国し、在留する外国人には、日本の出入国在留管理制度に基づく「在留資格」が付与されています。日本で働く人、日本人と結婚して生活する人、観光で来日する人など目的は人それぞれですが、誰でも自由に入国、在留できるのではなく、出入国管理及び難民認定法（以下、入管法という）や「入管法」に基づく政省令等で規定されています。そして、その法令では、外国人本人が守るべきルールは勿論のこと、その外国人を雇用する企業の責任についても規定されています。例えば、在留期限が切れてオーバーステイ（不法残留）になっている外国人を雇用していることが出入国在留管理局（入国管理局）に見つかった場合、外国人は不法滞在、不法就労として退去強制処分を受けることになりますが、雇用している企業についても、入管法73条の２の不法就労助長罪が適用され、その事実を知らなかったとしても処罰を免れることはできません。新聞やニュースで入管法違反の経営者が逮捕される事件が報道されることもあるので、企業経営者や人事担当者でコンプライアンスの重要性を感じている方も多いと思います。

　在留資格制度はこの10年間で複雑さが増しています。在留資格は、現在全部で29種類あります。ここ数年で新たに創設された在留資格としては、「高度専門職」や「特定技能」などがあります。「高度専門職」は、学歴、年収、職歴、年齢、日本語能力等といった就労条件や個人の能力をポイントにして、一定点数以上の外国人に認められる在留資格ですが、これにより日本で就労しようとする高度外国人材に新たな選択肢が生まれ、様々なメリットを享受できるようになりました。これは、高度な知識・ノウハウをもつ外国人を優遇して国際競争力を高めるという日本の政策が反映されたものですが、選択肢が増えた分、外国人への説明やポイントの計算、疎明資料の追加提出など、受け入れる企業側にとって手間が増えていることは否めません。「特定技能」は、2019年４月より始まった新たな在留資格です。これは、人手不足を解消するための在留資格

としては、従来認められていなかった製造現場や接客の仕事を行うことを初めて認めた画期的な在留資格です。しかし、国会でも議論されたように、特定技能の創設とともに、外国人労働者が大量に押し寄せることが懸念された結果、受入総数の人数枠を設けると同時に、非常に複雑かつ多岐に渡る許可基準を設けています。この他にも、在留資格「介護」の創設や、特定活動の新たな告示（46号・日本語人材）など入管行政には様々な変化があります。

　企業の海外展開、インバウンドサービスの拡充、人材不足の解消といった企業の様々な課題解決の手段として、外国人の雇用・育成が注目されています。外国人雇用の重要性が増す一方で、在留資格に関する理解が不足していると思わぬ落とし穴にはまることがあります。実務家の視点から、外国人雇用に際して注意すべき点についてわかりやすく説明することを目的として本書を刊行することになりました。本書の執筆にあたっては、入管法をはじめとする各種法令に準拠しながらも、できるだけ平易に表現するよう努めました。「複雑すぎてわかりにくい」と言われる在留資格制度について、本書がその理解を深める一助となれば、筆者の代表として望外の喜びです。

行政書士法人シンシアインターナショナル

代表社員　　鶴野　祐二

目　　次

はじめに

序　章　在留資格制度を理解しよう

第1章　高度人材に関する在留資格
―「技術・人文知識・国際業務」「企業内転勤」「高度専門職」

第2章　現業を含む在留資格 ―「技能実習」「特定技能」

第3章　短期滞在

第4章　トピックス ―コンプライアンスの視点から

序　章

在留資格制度を理解しよう

❶ 在留資格制度の変遷

2019年4月に改正入管法が施行され、新たな在留資格「特定技能」が創設されました。前年の国会で喧々諤々の議論があったことは記憶に新しいと思います。これは、日本の在留資格制度にとって大きな転換点となるとも言われています。何が大きな変化なのか、外国人受入制度の変遷を見てみましょう。

1) 1989年の入管法大改正

現在の在留資格制度のベースとなる入管法の大改正があったのは1989年（1990年施行）のことです。前年に発表された「第六次雇用対策基本計画」で、外国人労働者を「専門的・技術的労働者」と「単純労働者」に分けて、専門的・技術的労働者を積極的に受け入れる一方で、単純労働者の受入れは慎重に対応するという方針が示され、その考えをもとに入管法が改正されました。この入管法改正では、技術、技能、人文知識・国際業務、企業内転勤などの在留資格がリスト化され、現在の在留資格のベースとなっています。この法改正のポイントは次の3点です。

①　ポジティブリストを採用していること。日本に滞在できる在留資格は限定列挙され、そこにあてはまらなければ在留することはできない。

②　単純労働は認められていないこと。技能という在留資格は熟練した技能を必要とした職種に限り認められている。

③　地位に基づく在留資格（永住者、日本人の配偶者等、永住者の配偶者等、定住者）は就労制限がなく、単純労働にも高度な仕事にも就労することができる。

2) 技能実習の変遷と制度の目的

また、技能実習制度の原型もこの1989年の法改正でできました。大手企業が海外の子会社から実習生を受け入れる企業単独型に加え、中小企業が監理団体を経由して実習生を受け入れる形態が認められるようになりました。この技能実習制度は、実質的には人手不足の現場における労働力として受入れが増えていき、それに伴い過酷な労働環境や安価な賃金、残業代の未払いなど様々な問

題が指摘され、それらに対応して1993年、2009年の制度変更を経て、2017年11月に「外国人の技能実習の適正な実施及び技能実習生の保護に関する法律」（以下、技能実習法という）が制定され、現在に至っています。技能実習生は、国内産業においてすでに欠かせない労働力となっていますが、外国において活躍する人材の育成や海外への技能の移転という国際貢献が、技能実習法の本来の目的となっています。技能実習の期間は最長5年とされ、実習終了後は日本で修得した技能を本国で活かすことが求められています。

3）　特定技能の意義

　2019年4月に新たに創設された特定技能は、人材を確保することが困難な状況にある特定産業分野において、一定の専門性・技能を有する外国人材を受け入れる制度です。人手不足解消を目的として創設されたことに意義があります。日本の入管行政は、現在も単純労働の外国人を受け入れるスタンスにはありません。しかしながら、日本の現場における労働力が不足する中で、従来認められていなかった分野で外国人雇用の選択肢が広がる1つの大きな契機になることは間違いないと思います。

❷　在留資格の分類と本書で扱う在留資格

　在留資格は全部で以下の29種類あります（2020年11月時点）。

【表：在留資格の種類】

在留資格の種類	該当例
外交	外国政府の大使、公使、総領事、代表団構成員等及びその家族
公用	外国政府の大使館・領事館の職員、国際機関等から公の用務で派遣される者等及びその家族
教授	大学教授等
芸術	作曲家、画家、著述家等
宗教	外国の宗教団体から派遣される宣教師等
高度専門職	高度人材ポイント制対象者
報道	外国の報道機関の記者、カメラマン

経営・管理	企業等の経営者・管理者
法律・会計業務	弁護士、公認会計士等
医療	医師、歯科医師、看護師
研究	政府関係機関や私企業等の研究者
教育	中学校・高等学校等の語学教師等
技術・人文知識・国際業務	機械工学等の技術者、通訳、デザイナー、私企業の語学教師、マーケティング業務従事者等
企業内転勤	外国の事業所からの転勤者
興行	俳優、歌手、ダンサー、プロスポーツ選手等
技能	外国料理の調理師、スポーツ指導者、航空機の操縦者、貴金属等の加工職人等
技能実習	技能実習生
特定技能	14の産業分野に認められた特定の技能を有する者
介護	介護福祉士
文化活動	日本文化の研究者等
短期滞在	観光客、会議参加者等
留学	大学、短期大学、高等専門学校及び高等学校等の学生
研修	研修生
家族滞在	在留外国人が扶養する配偶者・子
特定活動	高度研究者、外交官等の家事使用人、ワーキング・ホリデー、経済連携協定に基づく外国人看護師・介護福祉士候補者等
永住者	法務大臣から永住の許可を受けた者（入管特例法の「特別永住者」を除く。）
日本人の配偶者等	日本人の配偶者・子・特別養子
永住者の配偶者等	永住者・特別永住者の配偶者及び本邦で出生し引き続き在留している子
定住者	日系3世、中国残留邦人等

滞在目的で分類すると次のとおりです。

① 就労が滞在目的の在留資格

外交、公用、教授、芸術、宗教、高度専門職、報道、経営・管理、法律・会計業務、医療、研究、教育、技術・人文知識・国際業務、企業内転勤、興行、技能、技能実習、特定技能、介護

② **就労ができない在留資格**

文化活動、短期滞在、留学、研修、家族滞在

③ **身分により付与される在留資格**

永住者、日本人の配偶者等、永住者の配偶者等、定住者

④ **法務大臣が個々の外国人に与える許可により滞在できる在留資格**

特定活動

　本書では、実際に外国人を受け入れる企業からの依頼や問合せが多い在留資格に絞り、第1章では高度人材に関する在留資格、第2章では現業を含む在留資格、第3章では海外からの出張者と短期滞在の範囲、第4章でその他のトピックスについて説明します。

3　在留資格の手続き

1)　在留資格認定証明書交付申請

　海外から外国人を招聘するときの手続きです。入国管理局から在留資格認定証明書の交付を受けた後、在外公館（日本大使館・領事館）でビザ（査証）を取得して来日します。申請人本人が海外にいることがほとんどなので、受入企業の担当者が申請代理人となり申請するのが一般的です。

2)　在留資格変更許可申請

　国内に滞在している外国人が在留資格を変更する手続きです。例えば、大学に留学している外国人の就職が決まったとき、就労開始前に手続きを完了する必要があります（「留学」→「技術・人文知識・国際業務」「高度専門職1号ロ」など）。

3)　在留期間更新許可申請

　在留資格ごとに認められる在留期間は定められています（例：技術・人文知識・国際業務→3月、1年、3年、5年）。日本に継続在留する場合、期限が到来する前に行う申請手続きです。

4) 在留資格取得許可申請

日本に滞在する外国人が在留資格を取得する手続きです。外国籍の子供が出生したときや日本国籍を含む二重国籍の方が日本国籍を離脱して外国籍となるときの手続きです。

5) 再入国許可申請

日本に滞在する外国人が一時出国する際に必要な手続きです。2012年のみなし再入国許可制度導入により、中長期在留者が1年以内の出国をする場合は入国管理局での事前手続きが不要となりましたが、長期海外赴任するケースや在留カードを持っていない外国人が一時出国する場合などに必要となります。

6) 永住許可申請

日本での永住を希望する外国人が、継続滞在期間を含む一定の要件を満たす場合に認められる手続きです。従来日本で働く外国人は10年の継続滞在が必要でしたが、2017年4月より高度人材（高度専門職対象者）について、獲得ポイントにより継続滞在3年または1年での申請が可能となりました。

7) 資格外活動許可申請

留学や家族滞在など就労できない在留資格の保有者が、アルバイトをするときに必要な許可です。週28時間（在留資格「留学」の場合、学則で定める長期休業期間は、1日8時間以内）の就労が認められます。

8) 就労資格証明書交付申請

外国人が転職する際に、既に保有している在留資格で新たな職務に従事することについて問題がないか入国管理局から証明してもらう手続きです。新たな職務内容の詳細を記述し、その職務に問題なく従事できることを確認します。必須の手続きではありません。

　上記の申請の他、入管法では各種の届出が規定されています。例えば、外国

人が転職する場合、その事由が生じた日から14日以内に所属機関に関する届出を行う必要があります。なお、雇用企業も中長期在留者の受入れに関する届出を行うことが義務（努力義務）付けられていますが、雇用対策法に基づく外国人雇用状況の届出が義務付けられている機関は対象外となるので、ほとんどの企業はハローワークへの外国人雇用状況の届出で足ります。

４　3つの視点

申請する在留資格を的確に判断するためのプロセスは以下のとおりです。
① 日本での滞在目的・活動内容や身分について確認する（在留資格該当性）。
② ①で確認した内容に応じた在留資格の候補を検討する。
③ 在留資格の許可を受けるための基準を満たすか確認する（基準適合性、相当性）。

このプロセスにおける3つの視点（在留資格該当性、基準適合性、相当性）は、在留資格を検討する上で欠かせない重要な視点です。

1)　在留資格該当性

「２　在留資格の分類」で、在留資格の種類について説明しました。外国人の雇用・受入れを検討する際は、行おうとしている活動にあてはまる在留資格があるかを確認します。この点について、入管法7条で上陸審査について規定されており、7条1項2号で以下のとおり定められています。

入管法7条1項2号

> 　申請に係る本邦において行おうとする活動が虚偽のものでなく、<u>別表第一の下欄に掲げる活動</u>（二の表の高度専門職の項の下欄第二号に掲げる活動を除き、五の表の下欄に掲げる活動については、法務大臣があらかじめ告示をもつて定める活動に限る。）又は<u>別表第二の下欄に掲げる身分</u>若しくは地位（永住者の項の下欄に掲げる地位を除き、定住者の項の下欄に掲げる地位については、法務大臣があらかじめ告示をもつて定めるものに限る。）を有する者としての活動のいずれかに該当し、かつ、別表第一の二の表及び四の表の下欄に掲げる活動を行おうとする者については我が国の産

業及び国民生活に与える影響その他の事情を勘案して<u>法務省令で定める基準に適合すること</u>（別表第一の二の表の特定技能の項の下欄第一号に掲げる活動を行おうとする外国人については、一号特定技能外国人支援計画が第二条の五第六項及び第七項の規定に適合するものであることを含む。）。

在留資格ごとに認められる活動内容（在留資格該当性）は、入管法の別表（第一と第二）で定められています。その上で、法務省令で定める次の基準に適合（基準適合性）することと規定されています。

2)　基準適合性

「入管法7条1項2号の基準を定める省令」には、在留資格ごとのベースとなる基準が定められています。ただし、ここに規定される内容は基本的なものであり、実務の現場では、入国管理局から別途定められるガイドラインや審査要領、過去の申請による経験、ノウハウなどを駆使して基準適合性を判断します。例えば、就労系の多くの在留資格の基準として、「日本人が従事する場合に受ける報酬と同等以上の報酬を受けること」という基準があります。日本人と同じ給与とは実際、どのような水準でしょうか？　この規定は、外国人だからといって差別的な待遇をしてはいけないという労働基本法に基づいたものです。しかし、実際には入国管理局が審査の過程で雇用する各企業の日本人給与を把握するのは困難で、技術・人文知識・国際業務であれば大卒初任給の相場を、技能実習であれば地域別最低賃金の相場を最低ラインの目安として、対象者の職歴や職務上の地位を見ながら総合的に判断されていると考えられます。

3)　相当性

外国人が日本に在留するには、「適当と認めるに足りる相当な理由」が必要とされ、それは入管法20条（在留資格の変更）、21条（在留期間の更新）に規定されています。

20条3項（在留資格の変更）

前項の申請があつた場合には、法務大臣は、当該外国人が提出した文書により在留資格の変更を適当と認めるに足りる相当の理由があるときに限り、これを許可することができる。ただし、短期滞在の在留資格をもつて在留する者の申請については、やむを得ない特別の事情に基づくものでなければ許可しないものとする。

21条3項（在留期間の更新）

前項の規定による申請があつた場合には、法務大臣は、当該外国人が提出した文書により在留期間の更新を適当と認めるに足りる相当の理由があるときに限り、これを許可することができる。

ここでいう相当の理由（相当性）には以下の要素を含んでいると考えられます。
・　変更や更新の際も、2)の基準適合性を満たしていること。
・　安定性：所属企業の業績・本人の収入が安定しているなど。
・　継続性：契約期間、納税の実績など。
・　信憑性：提出資料が真正である、過去に虚偽申請歴がないなど。
・　在留状況：在留実績、法令遵守など。

第 1 章

高度人材に関する在留資格
― 「技術・人文知識・国際業務」「企業内転勤」「高度専門職」

1 技術・人文知識・国際業務

❶ 基本要件

　「技術・人文知識・国際業務」は、元々「技術」と「人文知識・国際業務」に分かれていました。従事する職務内容と外国人の専門性（学歴・職歴・資格等）に関連性が求められており、理系と文系に分類されていたものですが、2015年の法改正で統合されました。大学で文理融合の専門課程が増えていることや、職務も技術系・人文系・国際系と単純に分類することが難しくなっていることが背景となっています。

　しかし、統合後も基本要件に変更はなく、従事する職務内容に必要な専門性を有していることが許可の要件となります。

【表：「技術・人文知識・国際業務」の在留資格該当性、基準適合性、相当性】

業務分野	技　術	人文知識	国際業務
業務内容 （在留資格 該当性）	自然科学分野に関する技術・知識を要する業務	人文科学の分野に関する技術・知識を要する業務	外国の文化に基盤を有する思考若しくは感受性を必要とする業務
職業の例	技術者、IT技術者、開発者等	経理、法務、営業等の文系総合職	翻訳、通訳、貿易担当者、デザイナー、語学教師等
上陸基準 （基準適合性）	(1)　①　大学を卒業している 　　　②　大学と同等以上の教育を受けている 　　　③　日本の所定の専門学校等を卒業している 　　　　　または 　　　　10年以上の関連する業務での実務経験がある 　　　　　または 　　　　ITの国家資格がある（技術の情報処理業務に従事する場合に限る） (2)　日本人と同等以上の給与		(1)　3年以上の関連する業務での実務経験 ※大卒以上で、翻訳・通訳、語学指導業務に従事であれば実務経験不要 (2)　日本人と同等以上の給与
相当性 （主に変更・ 更新の場合）	・安定性：所属企業の業績・本人の収入が安定しているなど ・継続性：契約期間、納税の実績など ・信憑性：提出資料が真正である、過去に虚偽申請歴がないなど ・在留状況：在留実績、法令遵守など		

② 在留資格該当性について

1) 技術の範囲

① 技術とは

技術の業務分野で認められる業務内容は、入管法別表第一の2の「技術・人文知識・国際業務」の下欄で次のように定められています。

入管法別表第一の2

> 理学、工学その他の自然科学の分野に属する技術若しくは知識を要する業務

自然科学の代表例は以下のとおりです。

数理科学、物理化学、化学、生物科学、人類学、地質科学、地理学、地球物理学、科学教育、統計学、情報学、核科学、基礎工学、応用物理学、機械工学、電気工学、電子工学、情報工学、土木工学、建築学、金属工学、応用化学、資源開発工学、造船学、計測・制御工学、化学工学、航空宇宙工学、原子力工学、経営工学、農学、農芸化学、林学、水産学、農業経済学、農業工学、畜産学、獣医学、蚕糸学、家政学、地域農学、農業総合科学、生理科学、病理科学、内科系科学、外科系科学、社会医学、歯科学、薬科学

② "技術"と"技能"との違い

技術の業務分野で認められる業務内容は、自然科学分野に関する技術・知識を要する専門業務となります。入管法上の技術として認められる職務の範囲を理解するためには、入管法上に言う技能との違いを明確に意識することが有効です。技術が、学術上の技術・知識を要する業務であるのに対し、技能は主に現場での熟練により修得する業務を指しています。技能に関連する在留資格としては、「技能」、「技能実習」の他、2019年4月新たに創設された「特定技能」があります。在留資格「技能」で認められる仕事は告示で定められていて、例えばワインのソムリエやパイロット、外国料理の調理師などがあり、いわゆる製造業の現場の技能者は含まれていません。在留資格「技能実習」、「特定技能」については第2章の現業を含む在留資格で後述しますが、取得する在留資格の判断において、その業務内容が技術と技能のどちらに該当するかを判断することは重要となっています。

③ "技術"と"技能"の境界とは

例えば、精密部品を製造する会社で、品質管理担当者を採用するとしたときにその仕事は、技術、技能のどちらになるでしょうか？　もし、その職務が、品質管理の仕組みを作り（例：QC七つ道具の導入など）、それを管理していくような仕事であれば、モノづくりに関する専門性（機械工学の知識等）が必要なものとして技術の範囲とみなされるでしょう。一方で、もし大量に生産された部品を現場で目視検査する担当者となれば、それは技術としては認められず、技能実習での受入れを検討していくことになります。

技術と技能の範囲は、明確に線引きされているわけではありません。"オフィスワークを中心とする技術系職務"と"現場作業を中心とする技能系職務"とに大きく分類することは可能ですが、それが全てではありません。例えば、自動車整備の分野では、海外から多くの技能実習生を受け入れている一方で、自動車整備に関する国内の大学や専門学校を卒業し、自動車整備士（1級、2級）の資格をもって、サービスエンジニアとしてエンジンやブレーキ等の点検・整備・分解等の業務に従事するとともに自動車検査員としての業務に従事することは、技術の業務として認められています。また、建設業の施工管理などでも、現場での仕事を伴いながら、技術分野として認められるケースがあります。これらのように、自動車整備や建設業の施工現場などで行うような業務でも、単純な現場作業ではなく、自動車整備（機械工学等）、土木工学、建築学などの知識を用いて、自動車の点検・整備・分解等や、建設施工に係る工程管理やコスト管理を行うことは、技術の範囲として認められています。

2)　人文知識の範囲
①　人文知識とは

人文知識の業務分野は、入管法別表第一の2の「技術・人文知識・国際業務」の下欄で次のように定められています。

入管法別表第一の2

> 法律学、経済学、社会学その他の人文科学の分野に属する技術若しくは知識を要する業務

人文科学の代表例は以下のとおりです。

　語学、文学、哲学、教育学（体育学を含む。）、心理学、社会学、歴史学、地域研究、基礎法学、公法学、国際関係法学、民事法学、刑事法学、社会法学、政治学、経済理論、経済政策、国際経済、経済史、財政学・金融論、商学、経営学、会計学、経済統計学

②　人文知識の専門性とは

　人事、経理、法務などの管理系専門職や営業職が人文知識分野の代表的な職務です。管理系専門職に在留資格該当性が認められるのは想像しやすいでしょう。よく問題になるのは、営業職です。許可されやすいのは企業向けの営業（BtoB）です。一方で個人向けの接客を含む営業（BtoC）は、審査が厳しい傾向にあります。例として、携帯ショップでの販売担当者などが挙げられますが、後述する国際業務の対象となる外国人向けの接客や翻訳・通訳業務が多い場合を除いて、「技術・人文知識・国際業務」の在留資格は認められにくい状況です。なぜBtoBは認められ、BtoCは認められにくいのでしょうか？　それは、仕事に対する難易度のイメージによるものが大きいと考えます。企業向けの営業であれば、その職務にはマーケティング戦略も含み、取引規模も大きく、相応の商品知識等も必要と考えられます。BtoCの商品販売の場合、販売マニュアルがあり、例えば学生アルバイトでも職務をこなせるような印象を受けます。これは印象であり明確なものではありませんが、在留資格の審査では行政（入国管理局の担当審査官）による裁量が大きいため、一般的にどのような印象をもたれるかを意識することは重要となります。もし、BtoCの販売業務においてその専門性をアピールする場合には、一般的に受ける印象を払拭するような説明やそれを疎明する書類を提出する必要があります。

3)　国際業務の範囲

　国際業務の範囲は、入管法別表第一の2の「技術・人文知識・国際業務」の下欄で次のように定められています。

入管法別表第一の2

> 外国の文化に基盤を有する思考若しくは感受性を必要とする業務

いわゆる外国人特有の感性、すなわち、外国の特有な文化に根ざす一般の日本人が有しない思考方法や感受性を必要とする業務を意味します。具体的な業務内容は、上陸許可基準（基準適合性）の中で次のとおり定められています。

翻訳、通訳、語学の指導、広報、宣伝又は海外取引業務、服飾若しくは室内装飾に係るデザイン、商品開発その他これらに類似する業務

　翻訳、通訳は申請頻度の高い業務です。海外取引全般に関連する業務も国際業務に含まれます。服飾若しくは室内装飾に係るデザイン、商品開発も、外国人特有の感性を活かせる仕事とされています。

❸　基準適合性について

　外国人が在留資格取得のための要件を満たすかの確認は、実務上まず学歴、次に職歴をチェックします。

1)　学歴要件

①　大学もしくはこれと同等以上の教育を受けたこと

- 　審査では、「学士取得（＝学士課程修了）」が一つの目安となっています。海外の学位証明書では、一般にBachelor Degreeと記載されています。

- 　日本の短期大学で取得する学位は「短期大学士」とされ、この要件を満たすとされています。英語では、一般にAssociate Degreeと表記されています。

- 　海外の教育制度は、日本の6・3・3・4年と異なる制度やコースがあります。大学と同等以上の高等教育を修了したかを判断するためには、文部科学省がウェブサイト上に世界の学校体系をまとめていますので、その資料から対象国の高等教育の範囲を確認してください。例えば、フランスの高等教育機関には、大学の他、グランゼコール、技術短期大学部、中級技術者養成課程、各種専門学校などが高等教育機関の課程として記載されています。

- 　中国は、学位を取得できる大学本科の他、大学（専科）、専科学校、職業技術学院などが高等教育とされています。大学（専科）、専科学校、職業技

術学院では、通常学位は取得できませんが、その修了をもって基準を満たすとされる傾向にあります。

② 日本の専修学校の専門課程を修了したこと

・　専門士または高度専門士の取得が必要となります（専門士の称号を付与する専修学校は、文部科学省のホームページに掲載されています）。

　以上のとおり、大学卒業生に限らず、専門学校卒業生も「技術・人文知識・国際業務」の職務に従事することが可能です。ただし、学歴要件では、その専攻について「従事しようとする業務に必要な技術又は知識に関連する科目を専攻して」という条件があり、学校での専攻と職務内容の関連性が求められています。この点について、大学卒業生より専門学校卒業生の方が、より厳格に審査されます。これは、大学教育が学術の中心として、学生に広範な知識と深い専門性を授けることを求められているのに対し、専門学校は実践的な職業能力を育成することを目的としていることの違いによるものです。

ケーススタディ

職務と学歴の関連性

【ケース】

　ホテルのフロント業務で中国人を採用したケースです。最近は外国人の旅行客も増え、中国語や英語での接客も増えており、ホテルでのフロント業務は「技術・人文知識・国際業務」の在留資格該当性が認められています。そこで、ホテルチェーンのＡ社は今般、新たに専門学校の卒業生（新卒）を採用しました。対象者は専門学校で経理・簿記の勉強をして、在学中に簿記２級に合格し、卒業とともに専門士を取得します。また、日本語検定２級も取得しており、語学力も仕事に活かせます。このケースで、在留資格「技術・人文知識・国際業務」への在留資格変更許可申請は許可されるでしょうか？

【考　察】

　残念ながら、このケースでは申請が不許可になる可能性が高いです。上述のとおり、専門学校卒業者の審査のポイントは職務内容と専門学校での専攻の関連性にあり、今回の場合はその関連性が低いためです。対象者は、経理・簿記の専門士を取得しているので、それに関連する仕事をする場合は関連性が認められます。一方で、

ホテルのフロント業務は、翻訳・通訳の能力は求められるものの経理や簿記のスキルは求められていません。この関連性について、専門学校卒業生は厳密に審査されるので注意が必要となります。なお、日本語検定をもっているか否かは、「技術・人文知識・国際業務」の許可基準（基準適合性）とは関係がありません。実務上は役に立ちますし、審査上全く評価されないものではありませんが、許可要件ではないため、このケースにおける不許可を覆すほどの効果は期待できません。

2) 職歴要件

対象者が学歴要件を満たさない場合、次に職歴要件を検討します。

① 技術、人文知識にかかる業務の場合

- 従事しようとする業務に関連する職務内容で10年以上の実務経験を有すること。

実務経験には、「大学、高等専門学校、中等教育学校の後期課程又は専修学校の専門課程において当該技術又は知識に関連する科目を専攻した期間を含む」とされています。例えば、大学の情報通信を専攻とする学士課程3年修了後、大学を中退し、その後ITの開発業務に7年以上従事した場合、その期間及び単位の取得状況等を疎明できれば10年以上の実務経験を有すると認められます。

職歴要件で申請する場合には、審査が厳しくなる傾向にあり注意が必要です。例えば、高校卒業後、母国の自動車部品メーカーでエンジニアとしての仕事を10年経験したという場合、職務内容に現場作業を含んでいるのではないかという疑いの目をもって審査されます。したがって、単に10年の職歴があるというだけではなく、日本で行おうとする業務に関連する専門性の高い業務を10年以上経験していることを確認し、必要に応じて職務経歴書や在職証明書でそれらを疎明していく必要があります。

② 国際業務の場合

- 従事しようとする業務（翻訳、通訳、語学の指導、広報、宣伝または海外取引業務、服飾若しくは室内装飾に係るデザイン、商品開発その他）について3年以上の実務経験を有すること。
- 大学を卒業した者が、翻訳、通訳または語学の指導に係る業務に従事する場合は、この限りではない（実務経験不要）。

（続き）

国際業務については、3年の実務経験だけで要件を満たすことがポイントです。外国人であることの優位性がより高い業務とみなされています。翻訳、通訳、語学の指導について、大学卒業者は実務経験が不要となっています。これらの業務については、対象者の母国語を取り扱うことを前提としているため、大学の専攻がこれらの職務と関係なくても差し支えないことを規定しています。

3) IT告示

　学歴も職歴も基準を満たさない場合で唯一認められるのが、"技術の情報処理分野に従事する"場合であって、かつ、"法務大臣が定める情報処理試験に合格、又は情報処理資格を有している"場合です。これは法務大臣告示で定められています。

【対象となる試験・資格の例】

- 日本：ITストラテジスト試験、応用情報技術者試験、基本情報技術者試験、上級システムアドミニストレータ試験　など
- 中国：系統分析師、信息系統項目管理師　など
- フィリピン：基本情報技術者試験、応用情報技術者試験　など
- ベトナム：基本情報技術者試験、応用情報技術者試験　など
- ミヤンマー：基本情報技術者試験、応用情報技術者試験
- 台湾：軟体設計専業人員、網路通訊専業人員　など（※2012年12月31日以前の合格証書で、経済部長印のあるもののみ）
- マレーシア：基本情報技術者試験
- タイ：基本情報技術者試験、応用情報技術者試験　など
- モンゴル：基本情報技術者試験、応用情報技術者試験
- バングラディシュ：基本情報技術者試験、応用情報技術者試験
- シンガポール：サーティファイド・IT・プロジェクト・マネージャ
- 韓国：情報処理技師、情報処理産業技師

4) 日本人と同等以上の報酬について

　報酬の月額は、賞与等を含めた"1年間従事した場合に受ける報酬の総額の

12分の１"で計算します。報酬とは、「一定の役務の給付の対価として与えられる反対給付」をいい、通勤手当、扶養手当、住宅手当等の実費弁償の性格を有するもの（課税対象となるものを除く。）は含みません。

上陸基準では、「日本人が従事する場合に受ける報酬と同等額以上の報酬を受けること」と規定されています。これは、外国人労働者保護の観点から、外国人の報酬が日本人よりも不当に低く設定されることがないよう規定されているものです。

しかしながら、入国管理局の審査官が個々の企業の給与体系を把握した上で、対象者の年齢や実務経験、役職等をもとに同等の給与水準を判断することは困難です。実務上は在留資格を認める上で最低限の水準を上回っているかがポイントになります。「技術・人文知識・国際業務」の場合、首都圏（東京入管管轄）で大卒初任給（月額18〜20万円）が最低水準の目安となっています。入国管理局の審査において、報酬設定が低く、同様業務を行う日本人と同等以上の報酬設定になっているか確認が必要と判断された場合は、求人票や、会社ホームページの採用情報等の提出を求められることもあります。

４　カテゴリー分類と必要書類

「技術・人文知識・国際業務」、「企業内転勤」、「経営・管理」といった在留資格の申請において、企業規模に応じてカテゴリーを４段階に設定し、カテゴリー１・２の企業は提出書類を簡素化できるようになっています。カテゴリー分類は以下のとおりです。

【カテゴリー１】

(1)　日本の証券取引所に上場している企業
(2)　保険業を営む相互会社
(3)　日本または外国の国・地方公共団体
(4)　独立行政法人
(5)　特殊法人・認可法人
(6)　日本の国・地方公共団体の公益法人

(7)　法人税法別表第１に掲げる公共法人

(8)　高度専門職省令第１条第１項各号の表の特別加算の項の中欄イまたはロの対象企業（イノベーション創出企業）

(9)　その他一定の条件を満たす企業等

【カテゴリー2】

(1)　前年分の給与所得の源泉徴収票等の法定調書合計表中、給与所得の源泉徴収票合計表の源泉徴収税額が1,000万円以上ある団体・個人

(2)　在留申請オンラインシステムの利用申出の承認を受けている機関

【カテゴリー3】

前年分の職員の給与所得の源泉徴収票等の法定調書合計表が提出された団体・個人（カテゴリー2を除く）
多くの中小企業が、このカテゴリーに該当します。

【カテゴリー4】

カテゴリー1～3のいずれにも該当しない団体・個人

※　前年分の職員の給与所得の源泉徴収票等の法定調書合計表が提出されていない企業を指すので、主には設立間もなく1月末の提出期限を迎えていない企業が対象となります。

カテゴリーごとの必要書類は法務省のウェブサイトに掲載されています。

例えば、カテゴリー3の企業が、海外の外国人を採用するときの申請書類は次のとおりです。

＜提出書類の例＞

①　在留資格認定証明書交付申請書

②　写真（4cm×3cm）×1枚　※申請書に貼付

③　返信用封筒（定型封筒、404円分の切手（簡易書留用）を貼付したもの）

④　前年分の職員の給与所得の源泉徴収票等の法定調書合計表（写し）

⑤　労働条件通知書

⑥　申請人の履歴書

⑦　申請人の学位証明書や職歴の証明書

⑧　会社案内

⑨　登記事項証明書

⑩　直近年度の決算文書の写し

⑪　雇用理由書　など

　ちなみに、⑪雇用理由書は必須書類ではありません。活動内容（在留資格該当性）や申請人の経歴・雇用条件（基準適合性）に疑いの余地がなければ、提出する必要はありません。また、④前年分の職員の給与所得の源泉徴収票等の法定調書合計表（写し）は、上場企業（カテゴリー1）の場合、四季報の写しに代わります。また、カテゴリー1・2については、⑤労働条件通知書以下の書類の提出を省略することが可能です。

　このようにカテゴリー1・2の企業は、申請書類も簡素化され、それにより審査期間も短くなる傾向があります。これは、企業規模が大きい分、入国管理局での手続きにおいても企業の信用度が認められているということです。

⑤　コンプライアンス上問題となる事例

　上述のように、カテゴリー1・2の企業には入国管理局での手続きにおいて様々なメリットがあります。しかし、それが逆に落とし穴となる可能性もあります。例えば、海外在住のフランス人を採用し、在留資格認定証明書交付申請を受入企業の役職員が申請代理人となって申請するケースがあります。申請書上の学歴を本人の申告に基づき、大学卒（学位取得）としました。しかし、実際には大学を卒業したのではなく、職業専門学校を修了していた者を本人の申告により大学卒としていました。学位証明書は必須書類ではないので、そのときの申請は許可されました。しかし、その後本人が転職し、在留期間更新時の申請で学位証明書の提出が求められて、実際には大学卒でなかったことが判明したとします。このようなとき、本人の申告、申請に間違いがあったことが根本的な問題ですが、雇用企業の役職員も申請代理人として受入れにかかわって

いるため、全く責任がないとは言えません。このようなことからも、申請書類の提出要否にかかわらず、雇用する外国人の履歴書と最終学歴の証明書は最低限確認しておいた方がよいでしょう。

✎ ケーススタディ

「日本人の配偶者等」か「技術・人文知識・国際業務」か

【ケース】

　大手メーカー（自動車関連、カテゴリー２）から、フランス人（男性）エンジニアの新規雇用に伴う在留資格手続きの依頼を受けました。受入希望時期は、２か月後です。対象者は大学卒で工学系の学位を取得しています。また妻は日本人で、フランスから一緒に来日する予定です。申請する在留資格としては「技術・人文知識・国際業務」と「日本人の配偶者等」が考えられます。受入企業の人事ご担当者の意向としては、「仕事ができるのであれば、どちらでも構わないので、本人の意向を尊重して決めてください」とのことでした。この場合、どのように進めるべきでしょうか？

【考　察】

　本ケースの場合、「技術・人文知識・国際業務」と「日本人の配偶者等」のどちらも申請可能ですので、それぞれの在留資格の特徴や申請手続きの煩雑さを比較してどちらかを選択することになります。日本人の配偶者等の特徴の１つは、就労制限がないことです。エンジニアの業務に限らず、様々な業務に従事することができます。一方で、申請書類には婚姻関係を疎明する証明書の他、婚姻に至るまでの経緯を説明する質問書への回答や夫婦で写っているスナップ写真等の提出が必要となります。また、配偶者である日本人の戸籍や住民票を提出する必要もありますが、海外在住のため取得できないか、できても手間がかかることが想定されます。本来、申請代理人になる配偶者が日本にいないため、申請代理人を親族にお願いする必要もあります。更には、「日本人の配偶者等」の審査期間は長くなることが多いため、今回の２か月後の受入れに手続きが間に合わない可能性が高くなります。これらの状況を踏まえると、本ケースでは「技術・人文知識・国際業務」を申請する方向で進めるべきでしょう。カテゴリー２の企業が受け入れる場合、在留資格認定証明書交付申請の審査期間は、１か月以内であることが多く、２か月後の勤務開始に間に合う可能性が高いです。また、申請書類も簡素化されているので、「日本人の配偶者等」より準備しやすいでしょう。受入企業人事担当者としては、業務に必要な在留

資格を取得できればよいので「技術・人文知識・国際業務」で支障はありません。その他留意すべき視点として、将来の永住許可があります。永住許可申請には、通常10年以上引き続き日本に在留している（継続在留要件）ことが必要となりますが、日本人の配偶者の場合、実体を伴った婚姻が3年以上継続し、かつ、引き続き1年以上日本に在留していれば継続在留要件は満たします。ただ、これは在留資格が「日本人の配偶者等」であることに限定されていませんので、「技術・人文知識・国際業務」を選択するデメリットにはなりません。このように、関係者の利害を考えながら、複数の選択肢からより適切な在留資格を選ぶことが、この在留資格手続きの難しいところで、入管業務を専門とする行政書士に求められている役割だと思います。

---

topics

海外子会社（関係会社）への出向中に行う在留期間の更新手続きについて

　ここ数年、海外展開しているグローバル企業を中心に海外子会社（関係会社）へ出向中の外国籍社員の方の在留期間更新手続きの依頼を受けるケースが増えています。特殊な手続きのため、取進めには注意が必要となります。

1) 更新可否の考え方

　そもそも在留資格は日本に滞在する外国人に対して付与されるものです。そのため、出向等で長期間日本から離れる外国人については、原則的な対応として、出国時に在留カードを返却することが求められます。もし、出国後も在留資格を持ち続け、出向期間中に在留期限の到来にともなう在留期間更新許可申請を行った場合、更新が認められない可能性があります。

　一方で外国人にとっては、在留資格が継続できれば、出張や休暇などで日本に一時帰国するときに便利です。入国管理局が在留期間更新の必要性が高いと判断した場合、出向中で海外在住であっても、例外的に在留期間の更新が認められています。

2) 更新するメリット

　出向中でも商用で頻繁に来日する場合や、将来的に永住許可申請を行う可能性がある場合には、在留期間更新は外国人にとって大きなメリットとなります。

　例えば、更新をせずに就労系の在留資格を保有していない状態で、商用で来日する場合、「短期滞在」での来日となるため、日本では就労活動を行うことができませ

ん。また永住許可を受けるためには、原則、引き続き10年以上日本に滞在していること（在留資格を保有し続けていること）が求められます。更新を行わず、帰任時に再度在留資格認定証明書交付申請を行って来日する場合、過去日本に滞在した期間はリセットされ、再来日の時から新たに滞在期間が起算されることになります。

3)　前提条件

出向中の在留期間更新の許可を受けるためには、以下の3つの条件を満たしておくことが重要です。

① 日本法人との雇用関係が継続している

② 日本法人での社会保険等が継続されている（ことが望ましい）

③ 一定期間後に帰任することが決まっている

4)　手続きの流れ

在留期間更新許可申請を行うときも、入国管理局の審査が完了して許可を受けるときも日本に一時帰国する必要があります。これは申請人自身で申請する場合も、申請取次行政書士に依頼する場合も同様です。申請書類として、通常は、課税・納税証明書の提出が求められますが、海外出向中で日本に住民登録がない場合などは証明書が取得ができません。それに代わり、所属企業から給与証明を提出してもらう他、出向に関する説明書を提出する必要があります。

5)　実務での注意事項

① 住民票の状況

　通常は、海外転勤時に市区町村役場で転出手続き（海外転出届）を行っているので、更新時に日本の住民登録がないことが前提となります。手続きの準備段階で、まず住民登録の状況を確認します。

② 一時帰国時の滞在先

　在留期間更新許可申請書には、日本での連絡先（滞在先）を記入する必要があるため、海外転出届提出済の場合、一時帰国時の滞在先を記入する必要があります。

③ 住居地の届出

　一時帰国時の滞在先について、その所在地を管轄する市区町村役場で「住居地の届出」を行う必要があります。「住居地の届出」は、住民基本台帳制度における転入届とは異なり、住民票に登録されません。一時的な滞在でも、住居地として届出することが認められていますが、例えばホテルを住居地とする場合、市区町村によっては認めないことがあるので注意が必要です。また、ホテル側

もこのような手続きに慣れていない場合、住所を使われることに難色を示すことが多いので、事前に承諾を得る必要があります。

---

topics

「特定活動」告示46号（日本の大学卒業者）について

　「特定活動」は、入管法別表第一の5の「特定活動」の下欄で次のように定められています。

入管法別表第一の5

> 法務大臣が個々の外国人について特に指定する活動

　「特定活動」は、法務大臣（法務省）が定める新たな告示によって受け入れる外国人を増やすことができます。例えば、ワーキングホリデーで来日する外国人（5号）、報酬を受けてインターンシップ活動をする外国人（9号）などがあります。新たな在留資格の創設は、入管法の改正として国会の承認を得る必要がありますが、告示は法務省で定めることができるため、比較的簡便に導入することができます。

　その中で2019年5月に定められた「特定活動」告示46号が外国人を雇用する企業や日本の留学生の間でひそかに注目を集めています。それまでの在留資格制度上、飲食店、小売店等でのサービス業務や製造業務等が主業務の場合は、就労目的の在留資格が認められていませんでした。しかし近年の民間企業等におけるインバウンド需要の高まりや、日本語能力が不足する外国人従業員や技能実習生への橋渡し役としての期待もあり、大学・大学院において広い知識を修得し、高い語学力を有する外国人留学生に対する採用ニーズは、幅広い業務において年々高まっています。

　そのような状況の中、日本の大学卒業者については、大学・大学院において修得した知識、応用的能力等を活用することが見込まれ、かつ日本語能力を生かした業務に従事する場合は、その業務内容を広く認めることとし、在留資格「特定活動」告示46号によってこのような活動が認められるようになりました。

具体的な活動例（出入国在留管理庁ガイドラインより）

　ア　飲食店に採用され、店舗管理業務や通訳を兼ねた接客業務を行うもの（日本人に対する接客を行うことも可能です。）。
　　※　厨房での皿洗いや清掃にのみ従事することは認められません。

イ　工場のラインにおいて、日本人従業員から受けた作業指示を技能実習生や他の外国人従業員に対し外国語で伝達・指導しつつ、自らもラインに入って業務を行うもの。

※　ラインで指示された作業にのみ従事することは認められません。

ウ　小売店において、仕入れ、商品企画や、通訳を兼ねた接客販売業務を行うもの（日本人に対する接客販売業務を行うことも可能です。）。

※　商品の陳列や店舗の清掃にのみ従事することは認められません。

エ　ホテルや旅館において、翻訳業務を兼ねた外国語によるホームページの開設、更新作業等の広報業務を行うものや、外国人客への通訳（案内）を兼ねたベルスタッフやドアマンとして接客を行うもの（日本人に対する接客を行うことも可能です。）。

※　客室の清掃にのみ従事することは認められません。

オ　タクシー会社において、観光客（集客）のための企画・立案や自ら通訳を兼ねた観光案内を行うタクシードライバーとして活動するもの（通常のタクシードライバーとして乗務することも可能です。）。

※　車両の整備や清掃のみに従事することは認められません。

※　タクシーの運転をするためには、別途第二種免許（道路交通法第86条第1項）を取得する必要がありますが、第二種免許は、個人の特定の市場への参入を規制することを目的とするものではないことから、いわゆる業務独占資格には該当しません。

カ　介護施設において、外国人従業員や技能実習生への指導を行いながら、日本語を用いて介護業務に従事するもの。

※　施設内の清掃や衣服の洗濯のみに従事することは認められません。

キ　食品製造会社において、他の従業員との間で日本語を用いたコミュニケーションを取りながら商品の企画・開発を行いつつ、自らも商品製造ラインに入って作業を行うもの。

※　単に商品製造ラインに入り、日本語による作業指示を受け、指示された作業にのみ従事することは認められません。

2　企業内転勤

■１　企業内転勤とは

　企業内転勤とは、簡単に言うと「一定の関係を有する外国の企業等から日本国内の企業等に転勤をする」場合の在留資格です。

　この「一定の関係」の定義は審査要領で厳密に定められており、例えば「主たる取引相手」程度では一定の関係があるとは言えません。

　また企業内転勤も、技術・人文知識・国際業務同様、「在留資格該当性」、「基準適合性」、「相当性」の３要件に基づき審査が行われます。その概要は以下のとおりです。

【表：企業内転勤の在留資格該当性、基準適合性、相当性】

業務内容 （在留資格該当性）	(1)　技術・人文知識・国際業務と同じ
	自然科学分野に関する技術・知識を要する業務 人文科学分野に関する技術・知識を要する業務 外国の文化に基盤を有する思考若しくは感受性を必要とする業務
	(2)　日本に本店、支店その他の事業所のある公的機関、企業等の外国にある事業所の職員が期間を定めて転勤すること
職業の例	技術・人文知識・国際業務と同じ
	技術者、IT技術者、開発者等 経理、法務、営業等の文系総合職 翻訳、通訳、貿易担当者、デザイナー、語学教師等
審査基準 （基準適合性）	(1)　外国にある事業所に直近１年以上勤務している職員であること (2)　日本人と同等以上の給与 ※技術・人文知識・国際業務と異なり、学歴等の要件は課されません。
相当性 （主に変更・更新の場合）	技術・人文知識・国際業務と同じ
	・安定性：所属企業の業績・本人の収入が安定している等 ・継続性：契約期間、納税の実績等 ・信憑性：提出資料が真正である、過去に虚偽申請歴がない等 ・在留状況：在留実績、法令遵守など

日本で行う業務内容、職業の例は技術・人文知識・国際業務と同じです。したがって、企業内転勤でも単純労働は認められません。また安定性や継続性といった相当性も技術・人文知識・国際業務と変わりありません。

そこで、以下では技術・人文知識・国際業務と異なる点にスポットを当てて説明を行います。

② 在留資格該当性

企業内転勤の在留資格該当性は、入管法別表第一の２の「企業内転勤」の下欄で次のように定められています。

入管法別表第一の２

> 本邦に本店、支店その他の事業所のある公私の機関の外国にある事業所の職員が、本邦にある事業所に期間を定めて転勤して、当該事業所において行うこの表の技術・人文知識・国際業務の項の下欄に掲げる活動。

日本に本店、支店その他の事業所のある公的機関、企業等の外国にある事業所の職員が期間を定めて転勤することが求められます。

1)　日本に本店、支店その他の事業所のある公的機関、企業等

日本に本店、支店または事業所等のある会社（企業）、公的機関が該当します。法人である必要はありませんが、駐在員事務所のような法人格のない事業所の場合は、事務所が実在すること、活動内容および活動計画等をしっかりと説明する必要があります。

2)　期間を定めて転勤

期間を定めての転勤であることが求められます。期間の定めなく日本で就労する場合は技術・人文知識・国際業務が適切な在留資格であるためです。

また、技術・人文知識・国際業務と異なり、学歴等の要件は課されません。したがって、最終学歴が高等学校であったとしても、企業内転勤の要件を満たせば受け入れることができます。

また「転勤」できる範囲は以下に挙げる「一定の関係を有する企業等の間」に限定されています。そして審査基準ではこの「一定の関係」が厳格に定められており、同一会社内での異動（本店⇔支店）とグループ会社内での異動のみ、企業内転勤の対象となります。更にグループ会社内での異動は、以下の4パターンに限定されます。

【表：グループ会社での異動パターン】
※　親会社を基準とした場合の異動パターン

パターン	例
①親会社⇔子会社 【図：異動パターン①と②の範囲】参照	a．外国子会社から日本親会社への異動 b．日本子会社の外国子会社（外国孫会社）から日本子会社への異動 c．日本子会社の外国子会社（外国孫会社）から日本親会社への異動
②子会社⇔子会社 【図：異動パターン①と②の範囲】参照	d．外国子会社から日本親会社の日本子会社への異動（兄弟会社間） e．日本子会社の海外子会社（外国孫会社）から他の日本子会社への異動（兄弟会社の子会社（孫会社）間） f．外国孫会社から日本孫会社への異動（孫会社間） g．日本孫会社の外国子会社（海外曾孫会社）から日本孫会社への異動（孫会社と曾孫会社間）
③親会社⇔親会社の関連会社 【図：異動パターン③と④の範囲】参照	h．外国関連会社から日本企業（親会社）への異動
④子会社⇔子会社の関連会社 【図：異動パターン③と④の範囲】参照	i．日本企業の日本子会社の外国関連会社から日本子会社への異動

　①から④の関係を図に表すと以下のとおりです。矢印のあるものが企業内転勤として認められる異動です。

【図：異動パターン①と②の範囲】
　①の関係は実線の矢印で、②の関係は点線の矢印で表示しています。

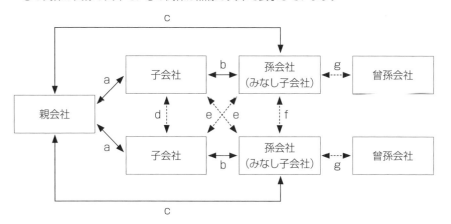

※　「曾孫会社間」の異動は、原則、企業内転勤の対象とはなりませんが、例えば、親会社から子会社、孫会社および曾孫会社まで一貫して100％出資している場合は、孫会社も曾孫会社も親会社のみなし子会社と言えるため、例外的に企業内転勤として認められます。

【図：異動パターン③と④の範囲】
　③の関係は実線の矢印で、④の関係は点線の矢印で表示しています。

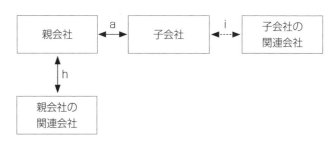

※「関連会社間」の異動、「親会社と子会社の関連会社間」の異動は企業内転勤の対象とはなりません。

【参考情報：親会社、子会社、関連会社とは？】

　「親会社」、「子会社」、「関連会社」については、財務諸表等の用語、様式および作成方法に関する規則の定義が準用されています。

　例えば「親会社」とは、他の会社等の財務および営業または事業の方針を決定する機関を支配している会社をいい、例えば「他の会社等の議決権の過半数

を有している」、「他の会社等の議決権の 100 分の 40 以上 100 分の 50 以下を有し、その取締役会を構成する取締役の過半数を占めている」場合等が該当します。そして支配されている側（他の会社等）を「子会社」といいます。子会社の子会社（孫会社）も親会社の子会社とみなされます（みなし子会社）。

　また「関連会社」とは、出資、人事、資金、技術、取引等の関係を通じて他の会社等の財務および営業または事業の方針の決定に対して重要な影響を与えることができる会社等（子会社以外）をいい、例えば、「議決権の 100 分の 20 以上を有している」、「議決権の 100 分の 15 以上 100 分の 20 未満を有し、その取締役会を構成する代表取締役、取締役またはこれらに準ずる役職の過半数を占めている」場合等が該当します。

③　基準適合性

　基準適合性は、入管法 7 条 1 項 2 号の基準を定める省令の下欄で次のように定められています。

一　申請に係る転勤の直前に外国にある本店、支店その他の事業所において法別表第一の二の表の技術・人文知識・国際業務の項の下欄に掲げる業務に従事している場合で、その期間（企業内転勤の在留資格をもって外国に当該事業所のある公私の機関の本邦にある事業所において業務に従事していた期間がある場合には、当該期間を合算した期間）が継続して 1 年以上あること。
二　日本人が従事する場合に受ける報酬と同等額以上の報酬を受けること。

---

1)　外国にある事業所に直近 1 年以上勤務している職員であること

　直近 1 年以上勤務している職員とは、直近 1 年以上、外国にある事業所（支店、本店、親会社等）で、技術・人文知識・国際業務に該当する業務に継続して従事している必要があります。

　例えば、外国の親会社で営業職として 1 年以上従事している場合はこの要件を満たします。また、外国の子会社に 2 年勤務しており、最初の 1 年間は生産現場での作業業務（＝技術・人文知識・国際業務に該当しない業務）だったが、その後に異動があり、直近 1 年間は開発者として開発業務に従事している場合

もこの要件を満たします。

　一方、以下のような場合はこの要件を満たしていないと判断されます。

・　外国の親会社に10年勤務しているものの、ずっと生産現場での作業に従事している。

・　外国の子会社に2年勤務しており、最初の1年間は技術職だったが、その後に工場勤務となり、直近1年間は生産現場での作業に従事している。

・　外国の子会社に2年勤務しており、生産現場での作業（半年）→開発者として開発業務（半年）→生産現場での作業（半年）→開発者として開発業務（半年）と異動を繰り返している（合算すると1年だが、継続して1年ではない）。

　このように、あくまで外国にある事業所で「技術・人文知識・国際業務に該当する業務」に従事していた期間が直近で継続して1年以上であることが求められます。

　なお、外国にある事業所で「技術・人文知識・国際業務に該当する業務」に直近1年以上従事していればよく、日本で従事する業務と同じまたは関連する業務であることまでは求められません。したがって、例えば外国の親会社では「営業職」であった人が、日本で経理部員として「経理業務」に従事することは認められます。

　これを表に纏めると以下のようになります。

【表：外国事業所での業務と従事期間が要件を満たすかどうか】

外国の事業所での業務	期間	要件を満たすか？
営業職	直近1年以上	○
生産工→開発	1年→1年(直近)	○
生産工	10年	×
開発→生産工	1年→1年(直近)	×
生産工→開発→生産工→開発	半年→半年→半年→半年(直近)	×

　また直近1年の間に、企業内転勤で他の日本子会社で働いていたような場合、その期間も「直近1年以上」に含むことができる場合があります。例えば、日本の他の子会社で企業内転勤で3か月勤務→外国の親会社で9か月勤務という

場合は、「直近1年以上」の要件を満たすことになります。

2) 日本人と同等以上の給与

　企業内転勤も技術・人文知識・国際業務と同様、日本人と同等以上の給与を支払う必要があります。ただし、給与を支払う者については限定されておらず、したがって給与の支払い元が日本企業であっても、出向元の外国企業であっても、両方であっても構いません。つまり、給与の全額を異動元の外国企業が支払うとしても問題はありません。また両方から支払われる場合は、合算した額が日本人と同等以上かどうかで判断されます。

　しかし、例えば現地では高給であったとしても、日本円に換算すると日本人と同等以上の額には及ばない場合、「日本人と同等以上」の要件は満たさないため、日本側で報酬を支払う等の対応が必要になります。

3) その他の要件

　同じ法人（本店→支店）間の転勤であれば、別途支店と雇用契約書を取り交わす必要はありませんが、別法人の場合（親会社→子会社）は、別途子会社とも雇用契約等を締結する必要があります。

④ 特殊なケース～直近1年以上の勤務要件を満たしていない場合の取扱い～

　外国の子会社に在籍しているものの、「直近1年以上勤務している」との要件を満たしていない場合、企業内転勤での受入れは不可能です。この場合はどのような方法が考えられるでしょうか。

　対象となる外国人が技術・人文知識・国際業務の要件を満たしている場合は、技術・人文知識・国際業務の在留資格で受け入れることが可能です。そしてこの場合において、同じ法人の外国の本店の職員を日本支店（もしくは外国の支店の職員を日本本店）で受け入れる場合に限っては、同一法人内での転勤となり、外国の本店等で採用された際に雇用契約等を締結していることから、別途日本支店と雇用契約等を取り交わす必要はありません。

❺　コンプライアンス上問題となる事例

　企業内転勤の受入れでは、入管法上認められていないものの、それを知らずにコンプライアンス違反となってしまう事例がよく見受けられます。そこで、これらの中から、特によく陥ってしまうケースを2つ紹介します。

1)　ケース1　転勤者の更なる出向

　企業内転勤は、外国にある事業所から転勤者を受け入れるための在留資格です。そのため、原則、転勤者の再転勤（日本国内での出向）は認められません。

　特にIT関係の企業では、顧客先に自社職員を出向させ、先方の事業所において業務に従事することが多々ありますが、企業内転勤で受け入れた職員をこのように取り扱うことはできません。この場合、いわゆる在籍出向も認められませんので十分にご注意ください。このような業務に従事させた場合であって、企業内転勤の期間が延長されて更新手続を行うこととなった場合、更新が認められない可能性が非常に高いです。また対象者の派遣も認められません。

　一方で、企業内転勤で受け入れることのできる範囲内で、出向先と雇用契約等を締結する場合は、日本国内での出向も認められるとされています。転勤の範囲の2つの図で示した矢印の範囲であれば、日本国内でも出向をさせることができます。例えば、外国の親会社から職員を受け入れた日本の子会社から、更に別の子会社へ出向させる場合がこれに該当します。

【図：日本国内での出向が認められる例と認められない例】

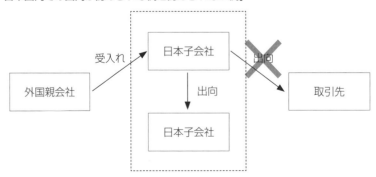

2) ケース2　勤務1年未満の職員の受入れ

例えば海外子会社のホテルから、就職して直近1年未満の職員を受け入れる場合、「直近1年以上」の要件を満たしていないため、企業内転勤で受け入れることはできません。

そのためこの場合は、技術・人文知識・国際業務で受け入れられるかどうかを検討することになります。

技術・人文知識・国際業務には、学歴・職歴に関する要件がありますので、対象者がその要件を満たしていない場合はこのような受入れはできません。したがってこの場合は、対象者の海外子会社のホテルでの勤務が「直近で1年以上」になるまで待つ必要があります。

また、技術・人文知識・国際業務で受け入れる場合、雇用契約と給与の支払いについて注意する必要があります。企業内転勤においては、出向元からの転勤辞令をもって受け入れ、給与が出向元より継続支給されることも認められています。一方で、技術・人文知識・国際業務では、「本邦の公私の機関との契約」に基づくことが要件とされており、給与も海外出向元からの支払いは原則認められないことになっています。

3　高度専門職

❶　高度専門職の変遷

　国際競争力の強化に貢献できる高度人材とされる外国人の受入れを促進することを目的に、高度人材に対する出入国管理上の優遇措置を講ずる制度が導入されることとなり、2012年5月から所定のポイントを満たす高度人材外国人に、「特定活動」の在留資格が付与されることになりました。

　その後、高度人材外国人の日本への受入れを一層促進するため、従来「特定活動」の在留資格を付与していた高度人材外国人を対象として、他の一般的な就労資格よりも活動制限を緩和した在留資格「高度専門職1号」を設けるとともに、在留期間が無期限の在留資格「高度専門職2号」を設けるなどの「入管法」改正があり、2015年4月から施行されました。

　このように、政策上、高度人材にあたる外国人に優遇措置を設け、受入れの促進を図っていますが、優遇措置は、外国人個人が受けられるもので、企業側についての優遇措置は規定されていないため、外国人に「高度専門職」の在留資格を取得させるかの対応は、各企業により様々となっています。

❷　高度専門職の4つの区分

　高度専門職は、高度人材外国人として、その活動内容等に合わせて「高度専門職1号イ」「高度専門職1号ロ」「高度専門職1号ハ」のいずれかに分かれています。また、「高度専門職1号イ、ロ、ハ」の在留資格をもって一定期間在留した外国人には、活動制限が大幅に緩和され、在留期間も無期限となる「高度専門職2号」も設けられており、高度専門職の在留資格は計4つの区分がされていることになります。

　区分ごとに想定される活動内容等は細かく規定されていますが、大まかに考えると、「高度専門職1号イ」は研究や教授等を行う活動、「高度専門職1号ロ」はエンジニアや文系総合職などの活動、「高度専門職1号ハ」は、経営者や管理

者などの活動が該当します。

　この区分を選択する際には、どの活動に該当するのかの他、後述のポイント表に照らして、選択する区分のポイント表で基準を満たせるかの確認も必要となります。

【表：高度専門職の４つの区分概略】

４つの区分⇒	１号イ	１号ロ	１号ハ	２号
主たる活動内容 （在留資格該当性）	研究、研究の指導または教育をする活動	自然科学または人文科学の分野に属する知識・技術を要する活動	事業の経営または管理に従事する活動	１号イ・ロ・ハで行う活動
職業の例	大学教授、研究者等	エンジニア、経理、法務、営業、文系総合職等	企業の取締役、管理職等	１号イ・ロ・ハの職業と同様
基準適合性	①　ポイント表70点以上 ②　在留資格「教授」「技術・人文知識・国際業務」「企業内転勤」「経営・管理」等の在留資格該当性がある活動を行い、かつ、各在留資格の上陸基準に適合すること（上陸基準が定められている場合） ③　日本の産業および国民生活に与える影響等の観点から相当の活動であること			①　ポイント表70点以上 ②　高度専門職として３年以上在留 ③　素行善良 ④　日本国の利益に合致
併せて行える活動	主たる活動に関連する事業の経営や、他の機関での研究等	主たる活動に関連する事業の経営	主たる事業に関連する事業の経営	在留資格「教授」「教育」「技術・人文知識・国際業務」等の資格該当性のある活動

❸　高度専門職への申請を検討する際の留意事項

　企業の人事担当者は、外国人の雇用等をする際に、どの在留資格を取得させるべきか悩むことが少なくありません。技術職や営業職の業務を行うような場合、通常は、「技術・人文知識・国際業務」や「企業内転勤」の在留資格を選択することになりますが、外国人から「高度専門職」を取りたいとの要望があり、どちらが良いのか迷うことになります。企業の人事担当者からみると、どちら

の在留資格を取得したとしても、業務上変わりは無いのでどちらでも良いと考えることが多いですが、「高度専門職」の在留資格の申請をする際には、ポイント計算表の確認やポイント計算表に係る疎明資料の準備など、申請に必要な準備に手間や時間がかかる場合があります。業務を行うために必要な在留資格を取れれば良いと考えるか、外国人の要望に応じて「高度専門職」を選択するかの対応は様々ですが、各社、次のような事項を判断の基準としているようです。

1)　予定する活動（業務）に問題はないか？

　雇用等する外国人が行う予定の業務（技術職や営業職など）から検討した場合、どちらの在留資格も、認められる活動内容はほぼ変わりありません。

2)　申請に要する時間や審査期間

　「高度専門職」の申請は、ポイント計算表やそれに係る疎明資料の添付が必要になるので、資料が煩雑となります。そのため、「技術・人文知識・国際業務」と比べ申請の準備に時間がかかることもあります。一方、申請後の審査期間については優先処理とされ、「技術・人文知識・国際業務」に比べ早く審査されることとなっています。

3)　会社側のメリットとデメリット

　会社側のメリットは、「高度専門職」の取得をサポートすることで、高度人材である外国人の確保につながるなどのメリットが考えられます。また、外国人が転職を考えた際、「技術・人文知識・国際業務」の場合、在留資格の変更は原則不要ですが、「高度専門職１号」の場合は、活動を行える会社など（所属機関）が指定書で指定されているため、在留資格変更許可申請（指定書の変更）を行う必要があります。そのため、転職へ向けてのハードルが少し上がることが考えられます。

　デメリットは、申請に必要な書類が煩雑となることです。

4)　外国人側のメリットとデメリット

　外国人側のメリットとデメリットは後述の「**8**　高度専門職を申請するメリッ

ト・デメリット」でご説明します。

topics

「高度専門職」 分かれる企業の対応

　外国人から取得を希望する声も多くなっている「高度専門職」。企業担当者様からのご相談も多くなって来ています。各社対応は分かれていますが、より優秀な高度人材を確保することを目的に、より良い条件で受け入れるためにも「高度専門職」の在留資格への申請に協力する企業も増えてきている印象です。一方で、業務上必要な在留資格で十分と考え「技術・人文知識・国際業務」等の在留資格を選択する企業も少なくありません。

　今後、ますます国際化が進む中、優秀な外国人の採用を促進する上でどのような対応をしていくべきかの検討は重要となってくるでしょう。

　それでは、高度専門職の4つの区分について、日本において行うことができる活動や在留資格諸申請の審査基準となる上陸許可基準について詳しくご説明します。

４　高度専門職の在留資格該当性について

1）　高度専門職１号の方が行うことができる活動（在留資格該当性）

　高度専門職の方が日本で行うことができる活動は、入管法別表第一の2の「高度専門職」の下欄の1号で次のように定められています。

入管法　別表第一の2

　高度の専門的な能力を有する人材として、法務省令で定める基準に適合する者が行う次のイからハまでのいずれかに該当する活動であって、我が国の学術研究又は経済の発展に寄与することが見込まれるもの
　　イ　法務大臣が指定する本邦の公私の機関との契約に基づいて研究、研究の指導若しくは教育をする活動又は当該活動と併せて当該活動と関連する事業を自ら経営し若しくは当該機関以外の本邦の公私の機関との契約に基づいて研究、研究の指導若しくは教育をする活動

　　ロ　法務大臣が指定する本邦の公私の機関との契約に基づいて自然科学若
　　　しくは人文科学の分野に属する知識若しくは技術を要する業務に従事す
　　　る活動又は当該活動と併せて当該活動と関連する事業を自ら経営する活
　　　動
　　ハ　法務大臣が指定する本邦の公私の機関において貿易その他の事業の経
　　　営を行い若しくは当該事業の管理に従事する活動又は当該活動と併せて
　　　当該活動と関連する事業を自ら経営する活動

①　在留資格「高度専門職１号イ」（高度学術研究活動）

　「高度専門職１号イ」は、「法務大臣が指定する本邦の公私の機関との契約に
基づいて」と規定されており、許可時に主に活動する機関（研究所や大学等）
が法務大臣から指定されます。そのため、転職等で主に活動する機関を変更す
る場合は、新たに法務大臣から主に活動する機関の指定を受けるための在留資
格変更許可申請を行う必要があります（高度専門職１号ロ、ハも同様です）。ま
た、行うことができる主たる活動の内容は、研究、研究の指導若しくは教育を
する活動となっており、これは在留資格「教授」、「研究」または「教育」に相
当する活動と重複しています。そのため、基本的には「教授」、「研究」または
「教育」の在留資格に該当する活動を予定している方が、「高度専門職１号イ」
に係るポイント基準を満たせる状況であれば、在留資格「高度専門職１号イ」
を選択することが可能となります。

　なお、「高度専門職１号イ」の方は、主たる活動と併せて、主たる活動と関連
する事業を自ら経営することや、主たる活動を行う機関以外の日本の機関との
契約に基づいて研究、研究の指導若しくは教育をする活動が認められています。

　なお、「教授」や「教育」の在留資格とは異なり、活動する場所を教育機関に
限定していないため、例えば民間企業の社内研修で教育をする活動も、「高度専
門職１号イ」で認められる活動に該当します。

②　在留資格「高度専門職１号ロ」（高度専門・技術活動）

　「高度専門職１号ロ」の場合も、転職等で主に活動する機関を変更する場合は、
新たに法務大臣から主に活動する機関の指定を受けるための在留資格変更許可

申請を行う必要があることは「高度専門職1号イ」と同様です。この手続きを知らずに、法務大臣が指定した企業とは別の企業で働いているというようなことも少なくなく、実務上も注意が必要です。

　また、行うことができる主たる活動は、自然科学若しくは人文科学の分野に属する知識若しくは技術を要する業務に従事する活動と規定されています。これは、在留資格「技術・人文知識・国際業務」または「企業内転勤」に相当する活動と重複しますが、「国際業務」にあたる活動は、「高度専門職1号ロ」には含まれていません。もっとも、「国際業務」に該当すると活動とされる通訳、翻訳、語学の指導、広報、宣伝または海外取引業務、服飾若しくは室内装飾に係るデザイン、商品開発などの業務は、「人文知識」にあたる活動業務との関りの深い活動も多く、明確な切り分けが難しいため、「国際業務」に該当する活動を行う予定の場合でも、その活動内容を精査することで「高度専門職1号ロ」で行える活動に該当する場合もあります。

　なお、パイロットで従事する業務は、在留資格「技能」に該当することが通常ですが、「高度専門職1号ロ」にも該当するとされています。

　以上のことから「技術・人文知識・国際業務」または「企業内転勤」に該当する活動を行う予定の方が、「高度専門職1号ロ」に係るポイント基準を満たせる状況であれば、基本的には在留資格「高度専門職1号ロ」を選択することができます。

　また、「高度専門職1号ロ」の方は、主たる活動と併せて関連する事業を自ら経営する活動が認められていますので、例えば、企業でシステムエンジニアとして働きながら、副業としてITサービスを提供する会社を経営するなどの活動が認められます。

③　在留資格「高度専門職1号ハ」（高度経営・管理活動）

　「高度専門職1号ハ」においても、転職等で主に活動する機関を変更する場合は、新たに法務大臣から主に活動する機関の指定を受けるための在留資格変更許可申請を行う必要があります（「高度専門職1号イ、ロ」と同様）。

　また、行うことができる主たる活動として貿易その他の事業の経営を行い若しくは当該事業の管理に従事する活動と規定されています。この活動は在留資

格「経営・管理」に相当する活動と重複しています。

　なお、主たる活動と併せて関連する事業を自ら経営する活動が認められていますので、例えば住宅設備総合メーカーのA株式会社の代表取締役としての活動を主たる活動として行いながら、その子会社である住宅設備販売を行うB株式会社の取締役としての活動を行うことが可能となります。これは、グループ会社内で複数の役員に就任する場合などが該当します。

2)　高度専門職2号の方が行うことができる活動（在留資格該当性）

　高度専門職2号の方が日本で行うことができる活動は、入管法別表第一の2の「高度専門職」の下欄の2号で次のように定められています。

入管法　別表第一の2

> 二　前号に掲げる活動を行った者であって、その在留が我が国の利益に資するものとして法務省令で定める基準に適合するものが行う次に掲げる活動
>
> 　イ　本邦の公私の機関との契約に基づいて研究、研究の指導又は教育をする活動
>
> 　ロ　本邦の公私の機関との契約に基づいて自然科学又は人文科学の分野に属する知識又は技術を要する業務に従事する活動
>
> 　ハ　本邦の公私の機関において貿易その他の事業の経営を行い又は当該事業の管理に従事する活動
>
> 　ニ　イからハまでのいずれかの活動と併せて行う一の表の教授の項から報道の項までの下欄に掲げる活動又はこの表の法律・会計業務の項、医療の項、教育の項、技術・人文知識・国際業務の項、介護の項、興行の項若しくは技能の項の下欄に掲げる活動（イからハまでのいずれかに該当する活動は除く。）

①　在留資格「高度専門職2号」

　上記の規定で「前号に掲げる活動を行った者であって」とは、「高度専門職1号」の在留資格をもって3年以上日本に在留したことを意味しています。

　また、活動内容の制限が大幅に緩和されており、「高度専門職1号イ」、「高度専門職1号ロ」、「高度専門職1号ハ」のいずれかの在留資格で行うことができ

る活動、また、このような活動と併せて行う「教授」、「芸術」、「宗教」、「報道」、「法律・会計業務」、「医療」、「教育」、「技術・人文知識・国際業務」、「介護」、「興行」若しくは「技能」の在留資格で行うことができる活動が認められているため、幅広い分野での活動が可能となります。

なお、「高度専門職1号」の場合は、主たる活動を行う所属機関等に法務大臣からの指定を受ける必要がありますが、「高度専門職2号」の場合、所属機関について法務大臣の指定は要しないこととしていますので、転職の際などに在留資格変更許可申請を行う必要はありません。

さらに、在留期間が無期限となりますので、在留期間更新許可申請も不要となります。

---

topics

「高度専門職2号」と「永住者」どちらがお得？？

「高度専門職1号」で、3年以上日本での活動を続けた方（ポイント80点以上の方は1年以上）は、「永住者」の申請における継続在留要件を満たします。「永住者」の在留資格が許可されると、活動に制限は無くなり、在留期間も無期限となるため、「高度専門職2号」を目指すより、「永住者」の許可を受けたいと考える外国人が多い印象です。

また、「高度専門職2号」は、就労することが前提の在留資格であるため、例えば、仕事をしなくなった場合は、在留資格該当性が無くなってしまい、働くことなく6か月が経過すると最悪の場合、在留資格を取り消されてしまうことになってしまいます。

一方で、「高度専門職」として外国人の家事使用人を雇用していたり、親を帯同していたりするなど「高度専門職」の優遇措置を享受している場合、「永住者」となることで優遇措置が享受できなくなるため、優遇措置の享受を続けたい場合は「高度専門職2号」を選択することになるでしょう。

「永住者」と「高度専門職2号」の2つの在留資格についての比較は次の表のとおりです。

【表：「永住者」と「高度専門職2号」の比較表】

	高度専門職2号	永住者
行える活動	高度専門的な活動に制限	無制限
在留期間	無期限	無期限
親の帯同	一定条件を満たせば可能	原則不可
家事使用人の招聘	一定条件を満たせば可能	原則不可
配偶者の就労	一定条件を満たせば可能 在留資格「特定活動」	無制限 在留資格「永住者の配偶者等」

topics

知らず知らずのうちに不法就労？？

　「高度専門職1号」の方は、その在留資格を許可される際に必ず、主たる活動を行う所属機関を法務大臣に指定され、パスポートに指定書が貼られます。そのため、在留資格「高度専門職1号」の方を採用する際は、入社前に在留資格変更許可申請を行い、新たに活動を行う所属機関として法務大臣の指定を受ける必要があります。この手続を踏まずに入社させ、就労活動を行ってしまうと、認められている活動の範囲外となり、外国人本人は資格外活動罪、入社させた会社も不法就労助長罪などの罪に問われる可能性があります。

　実際、この手続を知らずに、就労させてしまっていたなどの相談も少なくありませんので、採用を検討する際には必ず在留資格を確認し、在留資格が「高度専門職1号」の場合は、在留資格変更許可申請を行う必要があることを忘れないようにしましょう。

5 　高度専門職の基準適合性について

　高度専門職1号イ、ロ、ハの上陸許可基準(基準適合性)は、次のとおり規定されています。

> 申請人が入管法別表第一の二の表の高度専門職の項の下欄の基準に定める省令（平成26年法務省令第37号）第1条第1項に掲げる基準に適合することのほか、次の各号のいずれにも該当すること。

1) ポイント基準について

この上陸基準省令にある「高度専門職の項の下欄の基準に定める省令第1条第1項に掲げる基準」とは、所定のポイント（高度ポイント）を満たしているかを確認する基準（ポイント基準）です。ポイント表は、高度専門職1号の区分により分けられています。「高度専門職1号イ」は高度学術研究分野、「高度専門職1号ロ」は高度専門・技術分野、「高度専門職1号ハ」は高度経営・管理分野と分けられています。

また、「次の各号のいずれにも該当すること」とは、上述のポイント基準の他に満たす必要のある基準が、次の「その他の基準」のとおり定められています。

2) その他の基準

① 「在留資格該当性」、「上陸基準適合性」の要件を満たすこと

日本で行おうとする活動が、「教授」、「芸術」、「宗教」、「報道」、「経営・管理」、「法律・会計業務」、「医療」「研究」、「教育」、「技術・人文知識・国際業務」、「企業内転勤」、「介護」、「興行」若しくは「技能」のいずれかの在留資格に規定されている「在留資格該当性」に該当し、かつ当該在留資格の「基準適合性」の要件を満たす必要があります。

② 活動内容が相当でないと認められる場合でないこと

日本において行おうとする活動が、我が国の産業および国民生活に与える影響等の観点から相当でないと認める場合でないことが必要です。

外国人の受入れによる産業界や日本人の就職、労働条件などに及ぼす影響の有無や程度、教育関係への影響、公共の安全確保に与える影響、対外関係への配慮や治安、社会秩序に与える影響等の観点から申請人に「高度専門職」の在留資格を付与することが相当でないと認める場合は、基準適合性が無いことと

なります。

　この「その他の基準」を、企業側が高度専門職として雇用等を予定している外国人の方が満たせないことはあまりない印象です。

【表：高度専門職の上陸基準省令が定めるポイント計算表】

			ポイント要件	高度学術研究分野1号イ	高度専門・技術分野1号ロ	高度経営・管理分野1号ハ
学歴	一つ選択	①	博士号取得者	30点	30点	20点
		②	修士号取得者又は専門職学位	20点	20点	20点
		③	大学卒業又はこれと同等以上の教育を受けた者	10点	10点	10点
	一つ選択	④	複数の分野で博士号、修士号、専門職学位を有している者	5点	5点	5点
	一つ選択	⑤	告示で定めた大学等を卒業した者	10点	10点	10点
	一つ選択	⑥	MBA、MOTを有している者（①と重複不可）		5点	5点
職歴	一つ選択	⑦	10年以上	15点	20点	25点
		⑧	7年以上10年未満	15点	15点	20点
		⑨	5年以上7年未満	10点	10点	15点
		⑩	3年以上5年未満	5点	5点	10点
年収	一つ選択	⑪	3000万円以上			50点
		⑫	2500万円以上			40点
		⑬	2000万円以上			30点
		⑭	1500万円以上			20点
		⑮	1000万円以上	40点	40点	10点
		⑯	900万円以上	35点	35点	
		⑰	800万円以上900万円未満	30点	30点	
		⑱	700万円以上800万円未満（39歳以下のみ）	25点	25点	
		⑲	600万円以上700万円未満（39歳以下のみ）	20点	20点	
		⑳	500万円以上600万円未満（34歳以下のみ）	15点	15点	
		㉑	400万円以上500万円未満（29歳以下のみ）	10点	10点	

年齢	一つ選択	㉒	30歳未満	15点		
		㉓	30歳以上34歳以下	10点		
		㉔	35歳以上39歳以下	5点		
研究実績	一つ選択	㉕	特許の発明　1件以上	20点	15点	
		㉖	入国前に外国の公的機関から補助金等を受けた研究に3回以上従事した実績			
		㉗	責任著者としての学術論文3本以上			
		㉘	上記以外で法務大臣が個別に判断			
		㉙	上記2つ以上に該当する場合	25点		
地位	一つ選択	㉚	代表取締役、代表執行役			10点
		㉛	取締役、執行役			5点
資格等	一つ選択	㉜	職務に関連する日本の国家資格等保有（一つ保有）		5点	
			職務に関連する日本の国家資格等保有（複数保有）		10点	
	一つ選択	㉝	職務に関連する外国の資格等	5点		
日本語能力	一つ選択	㉞	日本の高等養育機関において学位を取得	10点		
	一つ選択	㉟	日本語能力試験N1取得者又は外国の大学で日本語を専攻で卒業	15点		
		㊱	日本語能力試験N2取得者㉞との重複は不可	10点		
所属機関に関する事	一つ選択	㊲	法務大臣が指定するイノベーションを促進するための支援措置を受けている会社等	10点		
	一つ選択	㊳	上記の場合で、就労する会社等が中小企業の場合	10点		
	一つ選択	㊴	国家戦略特別区域高度人材外国人受入促進事業の対象企業として支援を受けている	10点		
	一つ選択	㊵	試験研究費等の比率が3％超の中小企業	5点		
その他	一つ選択	㊶	法務大臣が定めた研修を修了※㉞との重複は不可	5点		
		㊷	成長分野における先端的な事業に従事	10点		
		㊸	経営する事業に1億円以上の投資			5点
合格点				70点		

※　高度専門職1号ロとハは、見込み年収が300万円未満の場合、ポイントが70点を満たしていても許可を受けられません。

※　ポイント計算をする際は、入国管理局HP等で最新の計算表を確認ください。

6　ポイント表についての説明

1)　学歴について

　③の大学には短期大学が含まれ、高等専門学校の卒業者、専修学校の専門課程を修了して「高度専門士」の称号を受けた方は「大学と同等以上の教育を受けた者」として取り扱われるので、これらは学歴ポイントの対象となります。ただし、専修学校の専門課程を修了して「専門士」の称号を受けた方は、学歴ポイントの対象とはなりません。

　また、②、④の「専門職学位」とは、専門職大学院を修了した者に授与されるもので、名称に「博士」、「修士」の文言を含みますが、「博士」、「修士」の学位とは異なるものです。具体的には、法科大学院の課程を修了した者に授与される「法務博士」、教職大学院の課程を修了した者に授与される「教職修士」があります。

　なお、例えば①「博士の学位」と②「修士の学位」の両方を有している場合、両方に該当するポイントを加算できるわけではありません。

　⑤の告示で定めた大学を卒業した者とは、次の(a)から(c)のいずれかに該当する方です。(a)～(c)での重複加算はできません。

(a)　クアクアレリ・シモンズ社（英国）が公表する世界大学ランキング（ＱＳ・ワールド・ユニバーシティ・ランキングス）,タイムズ社（英国）が発行するタイムズ・ハイアー・エデュケーション誌において公表される世界大学ランキング（THE・ワールド・ユニバーシティ・ランキングス,上海交通大学（中国）が公表する世界大学学術ランキング（アカデミック・ランキング・オブ・ワールド・ユニバーシティズ）のうちの二つ以上において、上位300位までに掲げられる大学。

　　この対象となる大学は、インターネットで確認できます。なおこの項目の対象となる大学の確認は、法務省のホームページに掲載のある、「世界大学ランキングに基づき加点対象となる大学」に申請時点に掲載されていれば差し支えないとされています。

(b) 文部科学省が実施するスーパーグローバル大学創成支援事業（トップ型）において補助金の交付を受けている大学

この対象となる大学は、文部科学省のホームページで確認ができます。

(c) 外務省が実施するイノベーティブ・アジア事業において、パートナー校として指定を受けている大学

この対象となる大学は、入国管理局のホームページから確認できます。

学歴を疎明する資料として、卒業証明書や学位証写し等を提出します。

2) 職歴について

職歴には従事しようとする業務に係る職業活動として当該業務に従事した期間が該当します。例えば、学校へ通いながらアルバイト等を行った期間は含まれません。また、大学等の教育機関における研究期間・専攻期間は、実務経験年数に含まれません。

職歴を疎明する資料として、在籍していた企業等が発行する在職証明書等を提出します。

この在籍証明書等には、在籍した期間、在籍中の業務内容などを記載する必要があります。転職が多い方の場合は、この在職証明書等の取得が難しい場合が多いので、申請に向けての準備に時間がかかることが少なくありません。

3) 年収について

年収については、何を年収に含められるのか？計算する期間はどうすれば良いのか？などのご質問をよく頂きます。年収に換算できる「報酬」とは、「一定の役務の給付の対価として与えられる反対給付」とされており、基本給のほか、賞与、勤勉手当、調整手当が含まれることとされています。通勤手当、住宅手当等の課税対象とならない実費弁償の性格を有するものはポイント計算における年収には含まれません。なお、残業代は、一定の役務の給付の対価として与えられる反対給付ですが、申請時において、どの程度の残業が生ずるかが不明確なので、ポイント計算の年収には含めることはできません。

年収は、今後1年間に所属機関から受ける報酬を言いますが、申請人が外国企業から日本の企業へ出向して受け入れられる場合などは、出向元の外国企業

から受ける報酬も、ポイント計算の年収に含めることができます。

　また、年収を計算する期間は、在留資格認定証明書交付申請の場合は、申請書に記載する入国予定日から1年間の年収で計算する必要があります。

　年収を疎明する資料は、所属機関となる企業が発行する「見込み年収証明書」や「雇用契約書の写し」などを提出します。

> ※　「高度専門職1号ロ・ハ」の場合は年収が300万円以上あることが要件となっているため、ポイントが70点以上となった場合でも、年収が300万円未満の場合は、「高度専門職1号」の要件は満たさないことになります。
>
> 　このことから、年収300万円の要件を満たさない方が、一般企業で研究等を行うとして「高度専門職1号イ」での申請を考えるケースがありますが、「高度専門職1号イ」で想定されている研究業務は、一般企業の業務の遂行を直接行うこと（開発業務等）は想定されていないので、大企業等の研究室等で、研究活動のみを行っているような場合でなければ認められにくくなっています。

4)　年齢について

　年齢は、在留資格認定証明書交付申請の場合は、申請書に記載された入国予定日における年齢、在留資格変更許可申請の場合は申請時における年齢に基づいてポイント計算をします。誕生日を迎えるとポイント不足となってしまうこともありますので、誕生日が近い方などは、早めの対応が必要です。

5)　研究実績について

　研究実績の項目は、「高度専門職1号イ」、「高度専門職1号ロ」に係るポイント計算の加点になります。

> ※　㉕から㉙のいずれか1つだけがポイント加算となります。

①　㉕の特許を受けた発明とは

　特許を受けた発明とは、発明者として特許を受けた発明をしたことであり、単に特許権を有していることではありません（発明者ではなく、特許を受ける権利または特許権を譲り受けただけは対象外）。また、外国での特許を受けた場合も対象となります。特許出願だけでは足りず、特許登録されていることが必須です。

　特許を受けた発明をしたことを疎明する資料として、特許証の写し等を提出

します。

②　㉖の入国前に外国の公的機関から補助金等を受けた研究に３回以上従事した実績とは

　外国政府から補助金、競争的資金その他の金銭の給付を受けた研究に従事した実績が３件以上あるとポイント加算になります。競争的資金とは、「資源配分主体が広く研究開発課題等を募り、提案された課題の中から専門家を含む複数の者による科学的・技術的な観点を中心とした評価に基づいて実施すべき課題を採択し、研究者等に配分する研究開発資金」のことをいいます。

　補助金等を受けた研究に従事した疎明資料として、補助金等の交付決定書の写しや在職証明書等を提出します。

③　㉗の責任著者となった学術論文３本以上とは

　日本の国の機関が利用している学術論文データベースに登録されている学術雑誌に掲載されている論文で、申請人となる外国人が責任著者となっているものがポイント加算の対象となります。

　入国管理局では、主にオランダのエルゼビア社のデータベース「サイバース・スコーパス」が利用されており、原則は「サイバース・スコーパス」に登録されている学術雑誌に掲載されている論文がポイント計算においての対象となっています。また、学術論文には、共同執筆者が複数存在することが少なくなく、論文の基礎となる実験の実施に参画したスタッフも「執筆者」に含まれ記載されている場合もありますが、ポイントの対象となるのは、当該論文に主たる責任を有する責任著者のみとなっています。なお、「サイバース・スコーパス」による検索結果画面の「著者」一覧で最初に表示される者が責任著者とされています。

　また、トムソン・ロイター社が提供しているデータベースに登録されている学術雑誌もポイント加算の対象とされています。

　責任著者となった学術論文の疎明資料として、論文のタイトル、著者氏名、掲載雑誌名、掲載巻、掲載ページ、出版年を記載した自由形式の文書を作成またはサイバース・スコーパスの該当ページ等を印刷し提出します。

④　㉘の法務大臣が個別に判断する研究実績とは

㉕～㉗以外の研究実績がある場合は、その実績をアピールしてポイント付与を認めてもらえるかの確認をすることになります。

このポイントが認められるかは審査の段階での確認となるため、認められるかどうかが不明確です。著名な賞の受賞歴等を疎明する資料として、賞状の写し、受賞の事実が分かるその他の資料を提出します。

6)　地位、役職について

「高度専門職1号ハ」に係るポイント計算には、職務上の地位に関するポイントがあり、次の2つの場合がポイント付与の対象となります。重複は不可です。

㉚　所属機関の代表取締役、代表執行役または業務を執行する社員（代表権を有する者に限る）として当該機関の事業の経営または管理に従事する場合

㉛　所属機関の取締役、執行役または業務を執行する社員として当該機関の事業の経営または管理に従事する場合

※　監査役および会計参与については、ポイント付与の対象にはなっていません。

地位、役職を疎明する資料として、所属機関の現在事項全部証明書（会社登記簿謄本）などを提出します。

7)　資格について

①　㉜職務に関連する日本の国家資格等の保有とは

職務に関連する日本の国家資格を保有している方は、「高度専門職1号ロ」のポイント計算において加点となり、一つの保有で5点、複数保有で10点となります。

対象となる資格は次のとおりです。

日本の国家資格のうち、いわゆる「業務独占資格」、「名称独占資格」とされるものがポイント付与の対象となります。

例えば、業務独占資格は「行政書士」、「弁護士」、「一級建築士」、「社会保険労務士」、名称独占資格は「社会福祉士」、「中小企業診断士」などがあります。

なお、ポイント付与を受けるためには、保有している国家資格が、従事する業務に関連する資格である必要があります。従事する業務と国家資格との関連性は、当該資格等を有する者が通常従事する業務が申請に係る活動と分野、業種、職種等が同一あるいは類似のものであるかどうか、当該資格等により証明されている技術等が申請に係る活動に資するものかどうかといった観点から判断されることになります。

　また、いわゆるIT告示に列挙されて資格を有しているまたは試験に合格している場合もポイント付与の対象となります。IT告示に列挙されている資格は、【1　技術・人文知識・国際業務　**3**　基準適合性について　3)　IT告示】をご参照ください。なお、IT告示に列挙されている資格は、職務に関連していなくても加点されます。

　日本の国家資格等を保有していることの疎明は、合格証書の写し等を提出します。

②　㉝職務に関連する外国の資格等について

　加点される外国の資格等については、事前に法務大臣から認定されたものが公表されており、この認定された資格等が基準となります。

　認定されている資格等（一部抜粋）は次のとおりです。

- 国際会計検定（BATIC/880点以上（コントローラーレベル）
- 米国公認会計士
- 外国弁護士（国や地域が指定されています）
- 米国アクチュアリー資格
- グッドデザイン賞（大賞・金賞）
- アジアデザイン賞（グランドアワード（大賞））
- ファッション・アワード（デザイナー　オブ　ザ　イヤー（優勝））

など。

　外国の資格等を疎明する資料は、資格証や賞状等の写し等を提出します。

8)　日本語能力について

①　㉞の日本の高等教育機関において学位を取得とは

　「高等教育機関」とは、学校教育法上の大学および放送大学をいい、大学の別科、専攻科、短期大学、大学院および大学の付属研究所も含まれますが、「大学に準ずる機関」（例えば、防衛大学校、航空大学校、大学入試センター、学位授与機構等）は含まれません。

　そのため、学校教育法上の大学および放送大学を卒業し、「学士」、「修士」、「博士」、「短期大学士」などを取得した場合がポイント付与の対象となります。

　高等教育機関において学位を取得した疎明は、学位証の写し等を提出します。

②　㉟日本語能力試験Ｎ１取得者または外国の大学において日本語を専攻して卒業とは

　「日本語能力試験」のＮ１レベルに合格している方が対象となります。また、「日本語能力試験」の他、財団法人日本漢字能力検定協会が実施する「BJTビジネス日本語能力テスト」において480点以上を得点した方も対象となります。

　外国の大学において「日本語を専攻して」とは、日本語学、日本語教育学等に係る学部・学科、研究科等を専攻していることが必要です。また外国の大学には、大学院および短期大学も含みます。

　日本語能力試験Ｎ１取得者の疎明には、日本語能力認定書、日本語能力試験認定結果または成績に関する証明書等を提出します。

　外国の大学において日本語を専攻し卒業した者の疎明ついては、卒業証明書等を提出します。

③　㊱日本語能力試験Ｎ２取得者について

　「日本能力試験」Ｎ２レベルに合格している方、「BJTビジネス日本語能力テスト」において400点以上を得点した方が対象となります。

　なお、㉞の日本の高等教育機関において学位を取得した方と、㉟の日本語能力試験Ｎ１取得者または外国の大学において日本語を専攻して卒業した方との重複でのポイント加算はできません。

9) 所属機関に関すること(受け入れる企業等に関すること)

㊲法務大臣が指定するイノベーションを促進するための支援措置を受けている会社等とは、法務大臣告示で列挙された補助金の交付や支援措置を受けている企業が対象となります。学歴や職歴、年収等の外国人のバックグラウンドだけではポイントを満たせていなくても、受入れ企業が補助金等の支援措置を受けていれば、加点対象となり必要なポイントを満たすことができる場合があります。

イノベーションを促進する措置を受けていることの疎明は、認定・承認を受けた通知書や補助金交付決定通知書等の写しを提出します。

① ㊳の中小企業とは

中小企業の定義は表のとおりです。

【表:中小企業の定義一覧】

業　種	中小企業者 (下記のいずれかを満たすこと)	
	資本金の額又は出資の総額	常時使用する従業員の数
1.製造業、建設業、運輸業その他の業種(2から4を除く)	3億円以下	300人以下
2.卸売業	1億円以下	100人以下
3.小売業	5,000万円以下	50人以下
4.サービス業	5,000万円以下	100人以下

② ㊴国家戦略特別区域高度人材外国人受入れ促進事業の対象企業として支援を受けているとは

2020年7月時点では、次の企業が対象となっています。

(東京都の対象企業)

① 東京都が実施する金融系外国企業発掘・誘致事業において、同事業による支援のもと、投資計画書(都内進出の意思決定文書)を東京都に提出した企業

② 東京都が実施するアクセラレータプログラム(フィンテック分野)に選定

された企業

③　東京都が実施する金融系外国企業拠点設立補助金を利用した企業

（広島県の対象事業）

　広島県内投資促進助成要綱に定める事業のうち、以下に掲げるいずれかの事業を利用している企業

①　先端・成長産業集積事業

②　先端・成長研究開発集積事業

③　企業人材転入事業

④　研究開発機能拠点化事業

　これらの事業を行っている疎明資料は、国家戦略特別区域高度人材外国人受入促進事業認定企業証明書の写しを提出します。

③　㊵**研究費等比率が３％超の中小企業における就労について**

　いわゆる「研究開発型中小企業」で就労する外国人に係る加点項目です。また、「試験研究費」とは、新たな製品の製造または新たな技術の発明に係る試験研究のために特別に支出する費用を言います。「開発費」とは、新たな技術若しくは新たな経営組織の採用、資源の開発、市場の開拓または新たな事業の開始のために特別に支出する費用を言います。それらの試験研究や開発を行うために要する原材料費、人件費（専門的な知識をもって当該試験研究または開発の業務に専ら従事している者に係るものに限る）および経費（他の者に委託して試験研究または開発を行う場合の委託費用を含む）を内容としています。

　試験研究費等比率が売上の３％超の中小企業であることの疎明は、所属機関の登記事項証明書、決算書（試験研究費および売上高が記載された財務諸表含む）賃金台帳等の従業員数を証する文書などを提出します。

10）　その他

①　㊶**法務大臣が定めた研修を修了とは**

　外務省が実施するイノベーティブ・アジア事業の一環として、独立行政法人国際協力機構（JICA）が実施する研修で、研修期間が１年以上のものが対象で

す。

　また、日本の大学又は大学院の授業を利用して行われる研修に参加した場合は、㉞の日本の高等教育機関において学位を取得との重複加算はできません。

　研修を修了した疎明資料として、研修修了証明書を提出します。

②　㊷成長分野における先端的な事業に従事とは

　成長分野における先端的事業とは、法務大臣が先端的事業として認定しているものです。

　上記9)とは違い、所属機関が特定のプロジェクトを実施するだけでは、ポイントの対象とはなりません。申請人が当該プロジェクトに従事する場合にポイントの対象となります。

【法務大臣が認定している先端事業（令和2年7月現在)】

・　医療研究開発革新基盤創成事業（CiCLE)
・　医療・介護・健康データ利活用基盤高度化事業
・　元素戦略プロジェクト＜研究拠点形成型＞
・　ナノテクノロジープラットフォーム
・　AIP：人口知能/ビッグデータ/IoT/サイバーセキュリティ統合プロジェクト
　　など

③　㊸の経営する事業に1億円以上の投資を行っている者について

　申請人となる外国人が、日本で経営する事業に1億円以上の投資を行っている場合が対象となります。

　疎明資料には出資している事が確認できる株主名簿などを提出します。

７　ポイント計算をする時点について

　ポイント計算をどの時点でするかは、計算する時点を間違えるとポイントが足りず、「高度専門職」として認められなくなることもありますので実務上でも重要になります。

1) ポイント計算を行う時点の原則

　ポイント計算を行う時点の原則は、高度専門職省令第1条第2項本文に上陸許可を受ける時点、在留資格変更許可を受ける時点、在留期間更新許可を受ける時点、などと規定されていますので、原則は「高度専門職」の在留資格が許可される時点になります。

　そのため、例えば、大学卒業後に就職する方が、「高度専門職1号ロ」への在留資格変更許可申請を行う場合、申請時点では、ポイントを満たせていなくても、当該申請の許可を受ける時点でポイントを満たせれば、ポイントは満たせることになります。

2) 申請や裁決時点を基準とするみなし規定

　高度専門職省令1条2項には、ポイント計算の時点について、申請の時点を基準としてポイントを計算し、それぞれポイントが70点に達している場合には、上記1)で規定する各許可の時点において70点に達しているものとみなされるとの規定があります。そのため、申請の時点でポイント計算を行い、ポイントを満たしていれば良いことになります。

　例えば、間もなく誕生日を迎え、年齢でのポイントが減ってしまうような場合、誕生日前に申請をすれば、このみなし規定で在留資格変更許可申請時点（誕生日前）でのポイント計算を行うことができるため、必要なポイントを満たすことができます。

　※　在留資格認定証明書交付申請においては、申請書に記載する入国予定日を基準としてポイント計算をします。また、審査中に入国予定日を経過した場合は、新たな入国予定日を確認した上でポイント計算をすることとなっています（ポイント計算に影響がある場合）。

topics

とても大事なポイント計算の時点

　「高度専門職」に係る申請をする際にポイント計算の時点がいつになるかが重要になる場面が多くあります。例えば、4月に新卒で入社される方は、通常入社直前の3月末頃に在留資格変更の許可を受けるので、ポイント計算を行う時点の原則では、

この３月末頃の在留資格許可時点をポイント計算の時点とすることができます。この原則の時点で計算すると、３月末からの年収でポイント計算ができますので、入社後ほぼ１年の年収でポイント加算することができます。

　一方、申請する１月時点では入社前となり１月～３月の給料が無いため、申請時点（上述のみなし規定）で年収計算をすると約３か月分の給料がカウントできず、年収ポイントを加算できなくなり、必要なポイントを満たさなくなることがあります。

　また、実際の審査においても、みなし規定（申請時点でのポイント計算）でポイント計算をされてしまい、年収項目のポイントが認められず、ポイントが足りないと判断されてしまうこともありました。

　このポイント計算の時点は、複雑な場合がありますのでポイント計算について心配な場合は、不利な審査にならないよう、申請時にポイント計算の時点等を説明するなどの対応をすると良いでしょう。

8 高度専門職を申請するメリット・デメリット

　在留資格「高度専門職」で認められる活動は、在留資格「技術・人文知識・国際業務」、「企業内転勤」、「経営・管理」、「教授」など様々な在留資格と重複します。そのため、どちらの在留資格を選択するかを検討する際には、メリット・デメリットを把握する必要があります。

1) 在留資格「高度専門職」を申請するメリット（得られる優遇措置）
① 親の帯同

　「技術・人文知識・国際業務」や「企業内転勤」など、就労を目的とする在留資格では、配偶者や子を帯同するための在留資格として「家族滞在」がありますが、親の帯同は認められていません。「高度専門職」の方の場合、一定要件下での親の帯同が認められています。親を日本に呼び寄せて共に暮らしたいという外国人は多くなっており、高度専門職を取得したい理由になることも多くある印象です。

　「高度専門職」の在留資格の方で、「高度専門職」の方またはその配偶者の7歳未満の子（養子含む）を養育する場合か、「高度専門職」の方の配偶者または

妊娠中の「高度専門職」の方の介助を行う場合で、次の要件を満たす方は、「高度専門職」の方、その配偶者の親（養親含む）の帯同が認められます。

- (a) 世帯年収が800万円以上であること
- (b) 「高度専門職」の方と同居すること
- (c) 「高度専門職」またはその配偶者のどちらかの親に限ること

※ 例えば「高度専門職」の方の親を帯同する場合は、「高度専門職」の方の両親の帯同が可能ですが、「高度専門職」の父と「高度専門職」の配偶者の母を同時に帯同することはできません。

② 在留歴に係る永住許可要件の緩和

永住許可を受けるためには、原則として引き続き10年以上日本に在留していることが必要ですが、「高度専門職」としての活動を引き続き3年以上行っている場合や、ポイント計算において80点以上としての活動を、引き続き1年以上行っている場合には、在留歴に係る永住許可の要件を満たしたこととして審査されます。なお、この在留歴に係る要件の緩和は、「高度専門職」の在留資格の許可を受けていない方でも、永住許可申請時の3年前から70点以上又は1年前から80点以上のポイントの疎明ができれば適用されます。

③ 家事使用人の帯同

外国人の家事使用人の帯同は、従来「経営・管理」、「外交」、「公用」で在留する一部の外国人に対してのみ認められていましたが、高度人材ポイント制導入に伴い新たに一定要件下で外国人の家事使用人を帯同することが認められるようになりました。

外国人の家事使用人を帯同するための要件は次のとおりです。

- (a) 外国で雇用していた家事使用人を引き続き雇用する場合（入国帯同型）、次の条件を全て満たす必要があります。
  - ・ 世帯年収が1,000万円以上であること
  - ・ 他に家事使用人を雇用していないこと
  - ・ 家事使用人への報酬が20万円/月以上であること
  - ・ 雇用主である「高度専門職」の方と同時入国する場合は、(i)帯同する家事使用人が、入国前に1年以上雇用主に個人的に雇用されていること、

また雇用主が先に日本に入国する場合は、(i)に加え、(ii)雇用主の日本入国後も、雇用主または雇用主が本国で同居していた親族に引き続き雇用されている方であること

・「高度専門職」の方が出国する場合、共に出国することが予定されていること

(b) 上記(a)以外の場合（家庭事情型）、次の条件を全て満たす必要があります。

・ 世帯年収が1,000万円以上であること

・ 他に家事使用人を雇用していないこと

・ 家事使用人への報酬が20万円/月以上であること

・ 申請時点に、「高度専門職」の方の13歳未満の子がいるまたは、フルタイムの仕事や病気等により日常の家事に従事することができない配偶者がいる場合であること

④ 配偶者の就労

「技術・人文知識・国際業務」などの就労活動が認められる在留資格の許可を受けるためには、学歴や職歴などの要件を満たす必要がありますが、「高度専門職」の方の配偶者は、学歴や職歴などの要件を満たさない場合でも、「高度専門職」の就労する配偶者として在留資格「特定活動」の許可を受けることで、これらの在留資格に該当する活動が認められます。この在留資格は、在留資格「家族滞在」の方がパート・アルバイトをする場合に許可を得る「資格外活動」の包括許可と違い、フルタイムでの就労は可能ですが、勤務先企業が決まってからの申請になりますので、入国後に働き先が決まってから在留資格変更許可申請をするケースが多い印象です。

⑤ 複合的な活動が可能となる

通常の在留資格は、許可された在留資格で認められている活動しかできませんが、「高度専門職」の方の場合は、例えば、一般企業でITエンジニアなどを行いながら、ITコンサルティング業を営む企業を自ら経営することも可能となります。

⑥　**在留期間が「5年」または「無期限」となる**

高度専門職1号の方には、一律に5年の在留期間が付与されます。

高度専門職2号の方は、在留期間が「無期限」となります。

⑦　**入国・在留手続きの優先処理**

「高度専門職1号」に係る入国・在留審査は優先的に早期処理が行われ、在留資格認定証明書交付申請は申請受理から10日以内、在留資格変更許可申請や、在留期間更新許可申請は5日以内を目途とするとされています。

しかし、特に混雑している入国管理局においては、この目安のとおりには処理されていない状況です。

2)　**考えられるデメリット**

①　**申請時の提出書類が煩雑となる**

「高度専門職」に係る申請には、ポイント計算に係る疎明資料が増えるため、提出書類が煩雑となります。特に転職が多い方が職歴を証明したい場合、勤めていた会社からの在職証明書などの取得が難しいことや、フリーランス時代の職歴証明が難しいなど、「技術・人文知識・国際業務」と比べて、書類収集の負担が大きくなることがあります。

②　**転職時に在留資格変更許可申請（指定書の変更）が必要となる**

「高度専門職1号」の場合、主たる活動をする機関（企業）が「指定書」により指定されます。そのため、転職等で主たる活動機関が変わる場合は、在留資格変更許可申請を行い、新たな主たる活動機関を指定してもらう必要があります。「技術・人文知識・国際業務」の方が転職をする際、通常在留資格変更許可申請は不要なため、転職をする外国人にとっては「高度専門職1号」のデメリットになりえます。

9 申請に必要な書類

㊜ 高度専門職1号ロへの在留資格変更許可申請をする場合（カテゴリー2の企業に就職）

※ カテゴリー分類については、【1　技術・人文知識・国際業務　4　カテゴリー分類と必要書類】を参照ください。

1. 在留資格変更許可申請書
2. 証明写真(縦4cm×横3cm)
3. 申請人のパスポート（提示）
4. 申請人の在留カード（提示）
5. ポイント計算表
6. ポイント計算表の各項目に関する疎明資料

　※ 疎明資料については「ポイント計算疎明資料一覧（基本例）」をご参照ください。

7. 受入れ機関の前年分の給与所得の源泉徴収票等の法定調書合計表の写し

　※ 税務署の受付印があるもの。電子申告の場合は申告が完了した旨のページも合わせて提出

「ポイント計算疎明資料一覧（基本例）」

項目	ポイント表の番号	疎明資料（基本例）
学歴	①②③④⑤⑥	該当する学歴の卒業証明書及び学位取得の証明書（ただし④の資料を提出する場合は提出不要） ※ ④の加算を希望する場合は必要に応じて成績証明書の提出
職歴	⑦⑧⑨⑩	「高度専門職」として従事しようとする業務に従事した期間及び業務の内容を記載した在職証明書等
年収	⑪⑫⑬⑭⑮⑯⑰⑱⑲⑳㉑	年収を証する受入れ機関発行の見込み年収証明書等 ※ 過去の年収証明ではなく「高度専門職」としての活動で受ける予定年収です。
年齢	㉒㉓㉔	パスポート写し等
研究実績	㉕	申請人の氏名が明記されている特許証の写し等
	㉖	申請人の氏名が明記されている交付決定書の写し等

	㉗	論文タイトル、著者氏名、掲載雑誌名、掲載巻・号、掲載ページ、出版年を記載した文章（サイバース・スコーパスの該当ページの印刷でも可）
	㉘	著名な賞の賞状等の実績を証する文書
地位	㉚㉛	受入れ機関の履歴事項全部証明書等
資格	㉜	国家資格等の合格証書等の写し
	㉝	資格証や賞状の写し等
日本語能力	㉞	学位取得の証明書等
	㉟㊱	日本語能力認定証写し、日本語能力試験認定結果等の写し等
所属機関に関する事	㊲	補助金交付決定通知書の写し等
	㊳	会社案内、履歴事項全部証明書等
	㊴	国家戦略特別区域高度人材外国人受入促進事業認定企業証明書写し
	㊵	・試験研究費等及び売上高等が記載された財務諸表の写し ・税理士、中小企業診断士等による証明書等
その他	㊶	JICAが発行する研修修了証明書
	㊷	当該事業に関する補助金交付通知書の写し及び当該プロジェクトに従事している旨の説明資料
	㊸	株主名簿等

---

topics

「高度専門職」の許可後にポイント計算が減少したら？？

　「高度専門職」の申請をした際、70点ギリギリで許可を得た後、年齢が上がった、給料が下がったなど、様々な理由でポイントが減少してしまう場合があります。この場合、「高度専門職」としての活動が認められなくなるのでしょうか？

　答えは、ポイント70点未満になった時点で「高度専門職」としての在留が認められなくなるわけではありません。在留期限まで「高度専門職」としての活動は可能です。ただし、在留期限が近くなり在留期間更新許可申請を行う際、ポイントが70点を下回っていれば、「高度専門職」での在留期間更新許可申請は認められません。

第2章

現業を含む在留資格
―「技能実習」「特定技能」

1 技能実習

1 外国人技能実習制度について

2017年11月1日施行の技能実習法（正式名称：外国人の技能実習の適正な実施及び技能実習生の保護に関する法律）により、新たに外国人技能実習機構が設立され、同機構より技能実習計画の認定を受けた上で、地方入国管理局へ在留資格の申請を行うことになりました。この技能実習制度は、2019年4月から始まった在留資格「特定技能」にもつながる基盤となる制度といってよいと思います。

技能実習制度は、国際貢献のため、開発途上国の外国人を日本で一定期間受入れ、OJTを通じて開発途上国等へ技能を移転することを目的とする制度です。技能実習生の帰国後の産業の発展への貢献だけでなく、日本の受入企業等にとっては、外国企業との関係強化、経営の国際化、社内の活性化等の効果が期待できます。しかしながら、外国人労働者保護の観点から、様々な問題が発生し、海外の人権団体からも批判を受けているのがこの技能実習制度です。この問題の解消のために、2017年11月に制度が改正され、外国人技能実習機構が主体となり、技能実習計画を認定するほか、受入企業や監理団体の管理・監督を行っていくこととなりました。このような背景もあり、技能実習は数ある外国人在留資格手続きの中でも、受入要件が厳しく、申請に必要な書類が多く、受入後の計画変更や受入状況の届出が細かく規定されている手続きとなります。技能実習での外国人雇用・受入れを検討している企業経営者や人事責任者にとって、この複雑な制度の全体像と基本的な要件を把握することは重要です。ここではコンプライアンス上、特に重要な点についてまとめました。

2 企業単独型と団体監理型

技能実習を受け入れる方式は、企業単独型と団体監理型に分類されます。企業単独型は、海外の子会社・関連会社や直接取引のある企業から、その社員を

一定期間受け入れる形態です。団体監理型は、技能実習生が入国後に監理団体（事業協同組合や商工会議所等）で講習を受けた後、受入企業との雇用関係の下で、実践的な技能等の修得を図ります。技能修得の成果が一定水準以上に達していると認められると「技能実習２号・３号」への変更許可を受けることにより、最長５年間の技能実習が行えます。

　企業単独型と団体監理型において、受入れの要件などその多くの規定は同じですが、異なる規定もあります。本章では、まず企業単独型で受け入れるときの基本要件や実務的な留意点について解説し、次に団体監理型において重要な役割をする監理団体と受入れの注意点を説明します。

【図：技能実習制度の受入れ方式】

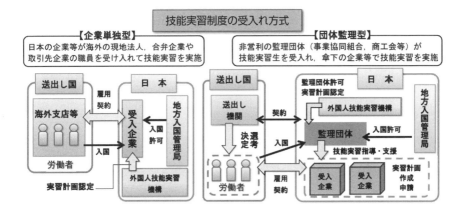

出典：法務省・厚生労働省「外国人技能実習制度について」

❸　技能実習の流れ

1)　在留資格「技能実習」の６区分

　技能実習生の行う活動内容により、入国後１年目の技能等を修得する活動と、２年目以降の修得した技能等を習熟・熟達するための活動とに分けられ、対応する在留資格として「技能実習」には６区分が設けられています。

【表：技能実習の６区分】

	１年目	２・３年目	４・５年目
企業単独型	技能実習１号イ	技能実習２号イ	技能実習３号イ
団体監理型	技能実習１号ロ	技能実習２号ロ	技能実習３号ロ

2) 技能実習１号受入れの手続き

① 外国人技能実習機構に技能実習計画認定申請を行います。

② 技能実習計画認定書が交付されます。

③ 地方出入国在留管理局に在留資格認定証明書交付申請（技能実習１号イ・ロ）を行います。

④ 在留資格認定証明書が交付されます。

⑤ 在留資格認定証明書を海外の申請人（実習生）へ送付し、在外公館（日本大使館・領事館）でビザの申請を行います。

⑥ ビザを取得し、来日すると、空港で在留カードが交付されます（※成田、羽田、名古屋、関西空港などの主要空港以外では後日送付となることがあります）。

3) 技能実習２号への移行手続き

① １号実習期間中に、移行対象職種・作業の技能評価試験（技能検定基礎級相当）の学科試験及び実技試験に合格します。

② 外国人技能実習機構に技能実習計画認定申請（２号）を行います。

③ 技能実習計画認定書が交付されます。

④ 地方出入国在留管理局に在留資格変更許可申請（技能実習２号イ・ロ）を行います。

⑤ 審査が完了したら、新たな在留カードを取得します。

なお、技能実習計画は２年間を対象に認定されるのに対し、在留資格の許可は１年ごととなっています。したがって、技能実習の３年目に入るときは、上記①～③の手続きは不要ですが、在留期間更新許可申請を行い、審査が完了したら新たな在留カードを受け取ります。

【図：技能実習の流れ】

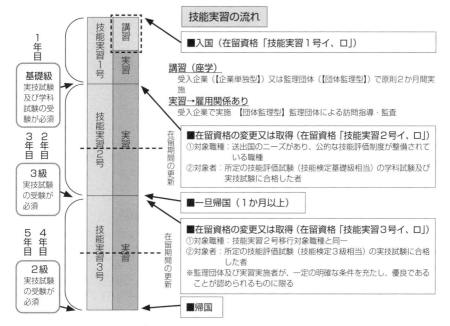

出典：法務省・厚生労働省「外国人技能実習制度について」

4)　技能実習3号への移行手続き

① 　2号実習期間中に、移行対象職種・作業の技能評価試験（技能検定3級相当）の実技試験に合格します。

② 　外国人技能実習機構に技能実習計画認定申請（3号）を行います。

③ 　技能実習計画認定書が交付されます。

④ 　地方出入国在留管理局に在留資格変更許可申請（技能実習3号イ・ロ）を行います。

⑤ 　審査が完了したら、新たな在留カードを取得します。

　技能実習3号へ移行するためには、受入企業及び監理団体が優良な技能実習実施者としての基準を満たしている必要があります。

　技能実習3号移行時の一時帰国について、技能実習法施行規則の規定により，技能実習2号終了後，技能実習3号を開始する前に1か月以上本国に一旦帰国することが技能実習計画の認定基準とされてきました。その後、同規則の改正

が行われ，技能実習3号を開始する前のほか，技能実習3号開始後1年以内に、1か月以上1年未満の一時帰国を行うことも認められるようになりました。

次項以降は、企業単独型と団体監理型に分けて説明します。技能実習は、法務省・厚生労働省が作成した「技能実習制度　運用要領」だけで、550頁以上に及ぶ複雑な在留資格です。受入企業の実務担当者がその全ての内容を理解するのは困難であり、ここでは最低限知っておくべきポイントに絞って解説します。

４　技能実習生受入れの基本要件（企業単独型）

海外に子会社や関連会社をもつ製造業を中心に、現地法人の社員に対して、現場でのOJT研修を実施したいという相談をよく受けます。その場合、技能実習（企業単独型）での受入れを検討しますが、初めて受入れを検討する人事担当者にとって、そもそも要件を満たすかどうかがわからないという声をよく聞きます。

そこで、まず受入れを検討するときに役立つチェックリスト（16項目）を以下にまとめました。この質問事項に対し、確認したいポイントがクリアになっていれば、受入れの基本要件は整っていると考えてよいでしょう。詳細については、要件の解説を参照ください。

【表：技能実習（企業単独型）受入チェックリスト】

No.	質問事項	確認したいポイント	要件参照先
1	修得する技能は、どのような技能（職種・作業）になりますか？	まずは、技能実習生が日本で行う職種・作業を明確にすることが重要です。技能実習生の母国で修得できるような簡単なものでないことが要件とされています	1)
2	修得する技能は、2号移行対象職種になりますか？（図：2号移行対象職種参照）	1年を超えて技能実習生を受け入れようとする場合、その職種・作業は2号移行対象職種に限定されています。職務内容が、必須業務、関連業務、周辺業務に分かれ、その時間配分の規定を満たす必要があります。	2)、3)

3	実習期間中の毎月の就労予定時間は決まっていますか？　安全衛生の実習は、すべての実務実習の時間の10分の1以上設定していますか？	技能実習計画では、業務（必須業務、関連業務、周辺業務等）ごとに毎月の実習予定時間を記載する必要があります。また実習時間内に安全衛生を修得する時間の確保が必要になります。2号移行対象職種については、厚生労働省ホームページに実習計画モデル例が掲載されています。	3)
4	受入企業と現地法人（出向元）との出資関係、取引関係はどのような状況ですか？	受入企業と現地法人の間では、出資か取引のいずれかの関係性が必要となります。	4)
5	受入企業が、複数法人になる予定はありますか？（受入企業の子会社・取引先企業等での実習の有無を確認します）	受入企業が複数の法人となる実習も認められています。ただし、その場合技能実習計画は共同で申請する必要があり、単独で受け入れるよりも準備する書類が大幅に多くなるので注意が必要です。	5)
6	受入企業の常勤職員は何人ですか？（単体）	受け入れられる技能実習生は、受入企業の常勤職員の20分の1までとされています（1号の場合。法務大臣及び厚生労働大臣が継続的かつ安定的に企業単独型技能実習を行わせることができる体制を有すると認めるものを除く）。	6)
7	受入予定の技能実習生に、過去技能実習で来日した方はいませんか？	過去に技能実習で来日した外国人が、再度の技能実習を受けようとする場合、審査が厳しくなるので注意が必要です。	7)
8	入国前講習（1か月以上かつ160時間以上）を予定していますか？　その場合、講習実施者、科目、講習期間、総時間を確認してください。	技能実習生を受け入れる前に、本国で入国前講習を実施することができます（任意）。入国前講習を実施した場合、入国後講習の実施時間を短縮することができます。	8)
9	1号実習期間中の6分の1以上の時間の座学講習実施を予定していますか？（入国前講習がある場合は12分の1以上に短縮されます）	1号実習実施期間中は実務研修だけでなく、6分の1以上の時間を座学講習にあてなければなりません。講習の内容：①日本語、②日本での生活一般に関する知識、③法的保護講習、④日本での円滑な技能等の修得等に資する知識	8)
10	技能実習責任者、技能実習指導員、生活指導員は決まっていますか？（履歴書・誓約書・健康保険証の写しの提出が必要）	受入企業は、技能実習責任者、技能実習指導員、生活指導員の選任を義務付けられており、要件を満たす者を選任しなければなりません。	9)

11	実習中の報酬額（時給・月給）は、日本人と同等以上であることを説明できますか？	技能実習生の報酬が不当に低くなることを防ぐための規定です。受入企業の給与水準に関する情報を開示する必要があります。	10)
12	報酬は全額日本払いですか？社会保険、所得税等の源泉徴収額は算出可能ですか？	技能実習生への報酬支払は、全額受入企業から技能実習生本人に支払われる必要があり、出向元企業から母国で給与を継続支給されたとしても日本での技能実習に対する報酬としては認められません。	11)
13	宿泊施設は決まっていますか？（間取り、1人あたりの面積等の情報開示が必要です）	技能実習生の宿泊施設として、社員寮や借上げのアパート等を提供することが想定されます。予め宿泊施設を決めて、申請時に施設に関する情報を提供する必要があります。	12)
14	技能実習生の報酬から徴収する費用（食費、居住費、水道光熱費他）はありますか？	技能実習生が負担する費用でトラブルにならないように、受入企業は予め報酬から徴収する費用について実習生に明示しておく必要があります。	13)
15	（技能実習3号を希望する場合、あるいは人数枠の特例を適用したい場合において）優良な実習実施者の基準を満たしていますか？	技能実習3号（4・5年目）の受入れを希望する場合や受入人数枠の特例を受けたい場合には、受入企業が優良な技能実習実施者としての基準を満たす必要があります。	14)
16	受入企業役員の内、技能実習にかかわる役員と直接かかわらない役員の区別はできていますか？	技能実習計画認定申請では、受入企業の登記簿謄本を提出し、登記されている役員について技能実習に関与するか否かを分け、関与する役員に関しては住民票の提出が求められています。	15)

5 要件の解説

1) 修得技能等の要件（技能実習生の本国において修得等が困難な技能等であること）

　日本で修得しようとする仕事の内容が、技能実習生の母国で修得できるような簡単なものでないことが要件とされています。技能実習では、「開発途上国への技術移転や人材育成支援」を制度趣旨としていることから、このような規定が設けられています。実際には、例えばプラスチックの射出成形や金属プレス

などの技能は海外でも一般的になっているものの、その管理手法は、開発途上国に比べて日本に引き続き優位性があることから、ほとんどの製造業全般にかかる職種・作業が技能実習の対象として認められています。ただし、技能実習の1年目を修了して、2年目に移行できる職種（2号移行対象職種）は限定列挙されているので、1年を超えて技能実習生を受け入れたい場合には、行う職種・作業が2号移行対象職種に含まれることを確認する必要があります。

2)　技能実習の目標の要件

（1号の目標）技能検定基礎級またはこれに相当する技能実習評価試験の実技試験および学科試験への合格など

（2号の目標）技能検定3級またはこれに相当する技能実習評価試験の実技試験への合格

（3号の目標）技能検定2級またはこれに相当する技能実習評価試験の実技試験への合格

技能実習計画認定申請では、目標を設定することが求められています。そして、実際に2号に移行する場合には技能検定基礎級、3号に移行する場合には技能検定3級に合格しておく必要があります。また、技能実習2号修了者（技能検定3級合格）は、特定技能が認められる産業分野、職種等において、特定技能の技能水準に係る申請要件を満たすことになります。なお、技能試験3級に不合格であった場合でも、技能実習2号を良好に修了した技能実習生は、特定技能の技能水準に係る要件を満たします。

3)　技能実習の内容の要件

技能実習の内容について、次のとおり規定されています。

- ・　同一の作業の反復のみによって修得できるものではないこと。
- ・　2号・3号については移行対象職種・作業（「技能実習法施行規則」別表記載の職種および作業）に係るものであること。
- ・　技能実習を行う事業所で通常行う業務であること。
- ・　移行対象職種・作業については、業務に従事させる時間全体の2分の1以上を必須業務とし、関連業務は時間全体の2分の1以下、周辺業務は時

間全体の3分の1以下とすること。また、必須業務、関連業務、周辺業務のそれぞれについて、従事させる時間のうち10分の1以上を安全衛生に係る業務を行うこと。

【図：2号移行対象職種】

技能実習制度　移行対象職種・作業一覧（82職種150作業）

1　農業関係（2職種6作業）

職種名	作業名
耕種農業●	施設園芸
	畑作・野菜
	果　樹
畜産農業●	養　豚
	養　鶏
	酪　農

2　漁業関係（2職種10作業）

職種名	作業名
漁船漁業●	かつお一本釣り漁業
	延縄漁業
	いか釣り漁業
	まき網漁業
	ひき網漁業
	刺し網漁業
	定置網漁業
	かに・えびかご漁業
	棒受網漁業△
養殖業●	ほたてがい・まがき養殖

3　建設関係（22職種33作業）

職種名	作業名
さく井	パーカッション式さく井工事
	ロータリー式さく井工事
建築板金	ダクト板金
	内外装板金
冷凍空気調和機器施工	冷凍空気調和機器施工
建具製作	木製建具手加工
建築大工	大工工事
型枠施工	型枠工事
鉄筋施工	鉄筋組立て
と　び	と　び
石材施工	石材加工
	石張り
タイル張り	タイル張り
かわらぶき	かわらぶき
左　官	左　官

配　管	建築配管
	プラント配管
熱絶縁施工	保温保冷工事
内装仕上げ施工	プラスチック系床仕上げ工事
	カーペット系床仕上げ工事
	鋼製下地工事
	ボード仕上げ工事
	カーテン工事
サッシ施工	ビル用サッシ施工
防水施工	シーリング防水工事
コンクリート圧送施工	コンクリート圧送工事
ウェルポイント施工	ウェルポイント工事
表　装	壁　装
建設機械施工●	押土・整地
	積込み
	掘　削
	締固め
築　炉	築　炉

4　食品製造関係（11職種18作業）

職種名	作業名
缶詰巻締●	缶詰巻締
食鳥処理加工業●	食鳥処理加工
加熱性水産加工 食品製造業●	節類製造
	加熱乾製品製造
	調味加工品製造
	くん製品製造
非加熱性水産加工 食品製造業●	塩蔵品製造
	乾製品製造
	発酵食品製造
	調理加工品製造
	生食用加工品製造
水産練り製品製造	かまぼこ製品製造
牛豚食肉処理加工業●	牛豚部分肉製造
ハム・ソーセージ・ベーコン製造	ハム・ソーセージ・ベーコン製造
パン製造	パン製造
そう菜製造業●	そう菜加工
農産物漬物製造業●△	農産物漬物製造
医療・福祉施設給食製造●△	医療・福祉施設給食製造

5　繊維・衣服関係（13職種22作業）

職種名	作業名
紡績運転●△	前紡工程
	精紡工程
	巻糸工程
	合ねん糸工程
織布運転●△	準備工程
	製織工程

	仕上工程
染　色	糸浸染
	織物・ニット浸染
ニット製品製造	靴下製造
	丸編みニット製造
たて編ニット生地製造●	たて編ニット生地製造
婦人子供服製造	婦人子供既製服縫製
紳士服製造	紳士既製服製造
下着類製造●	下着類製造
寝具製作	寝具製作
カーペット製造●△	織じゅうたん製造
	タフテッドカーペット製造
	ニードルパンチカーペット製造
帆布製品製造	帆布製品製造
布はく縫製	ワイシャツ製造
座席シート縫製●	自動車シート縫製

6　機械・金属関係（15職種29作業）

職種名	作業名
鋳　造	鋳鉄鋳物鋳造
	非鉄金属鋳物鋳造
鍛　造	ハンマ型鍛造
	プレス型鍛造
ダイカスト	ホットチャンバダイカスト
	コールドチャンバダイカスト
機械加工	普通旋盤
	フライス盤
	数値制御旋盤
	マニシングセンタ
金属プレス加工	金属プレス
鉄　工	構造物鉄工
工場板金	機械板金
めっき	電気めっき
	溶融亜鉛めっき
アルミニウム陽極酸化処理	陽極酸化処理
仕上げ	治工具仕上げ
	金型仕上げ
	機械組立仕上げ
機械検査	機械検査
機械保全	機械系保全
電子機器組立て	電子機器組立て
電気機器組立て	回転電機組立て
	変圧器組立て
	配電盤・制御盤組立て
	開閉制御器具組立て
	回転電機巻線製作
プリント配線板製造	プリント配線板設計
	プリント配線板製造

7　その他（16職種29作業）

職種名	作業名
家具製作	家具手加工
印　刷	オフセット印刷
	グラビア印刷●△
製　本	製　本
プラスチック成形	圧縮成形
	射出成形
	インフレーション成形
	ブロー成形
強化プラスチック成形	手積み積層成形
塗　装	建築塗装
	金属塗装
	鋼橋塗装
	噴霧塗装
溶　接●	手溶接
	半自動溶接
工業包装	工業包装
紙器・段ボール箱製造	印刷箱打抜き
	印刷箱製箱
	貼箱製造
	段ボール箱製造
陶磁器工業製品製造●	機械ろくろ成形
	圧力鋳込み成形
	パッド印刷
自動車整備●	自動車整備
ビルクリーニング	ビルクリーニング
介　護●	介　護
リネンサプライ●△	リネンサプライ仕上げ
コンクリート製品製造●	コンクリート製品製造
宿泊●△	接客・衛生管理

○　社内検定型の職種・作業（1職種3作業）

職種名	作業名
空港グランドハンドリング●	航空機地上支援
	航空貨物取扱
	客室清掃△

（注1）●の職種：「技能実習評価試験の整備等に関する専門家会議」による確認の上、人材開発統括官が認定した職種

（注2）△のない職種・作業は3号まで実習可能。

出典：外国人技能実習機構ホームページ　（令和2年10月21日時点）

4)　出向元との関係性に関する要件

　技能実習法では、企業単独型で受け入れることができる外国人は、「①本邦の公私の機関の外国にある事業所」の職員である外国人か「②本邦の公私の機関

と主務省令で定める密接な関係を有する外国の公私の機関の外国にある事業所」
の職員である外国人と定められています。

① 本邦の公私の機関の外国にある事業所

- ・　本店・支店の関係にある事業所
- ・　親会社・子会社の関係にある事業所
- ・　子会社同士の関係にある事業所
- ・　関連会社の事業所

が代表的なものになります。この出資関係については、【第1章　2　企業内転
勤　**2**　在留資格該当性】の出資関係にかかる解説が参考となります。ただし、
技能実習計画認定の審査は外国人技能実習機構で行われますので、関係性が複
雑な場合は、予め外国人技能実習機構に相談すると良いでしょう。

② 本邦の公私の機関と主務省令で定める密接な関係を有する外国の公私の機関の外国にある事業所

- ・　本邦の公私の機関と引き続き1年以上の国際取引の実績又は過去1年間
に10億円以上の国際取引の実績を有するもの
- ・　本邦の公私の機関と国際的な業務上の提携を行っていることその他の密
接な関係を有する機関であるとして法務大臣及び厚生労働大臣が認めるも
の

をいいます。国際取引の実績は、貿易取引の契約書やINVOICE（請求書）など
で取引関係を疎明します。「国際的な業務上の提携を行っていることその他の密
接な関係を有する機関」は、その関係性について明確な定義はされていません
が、法務省と厚生労働省の双方の承認が必要で審査に時間もかかるため、この
要件で技能実習計画認定の申請をするケースはほとんどないようです。

5) 複数の法人で受け入れる場合の要件

複数の受入企業が技能実習を共同で行わせることも認めています。具体的に
は、

- ・　親会社と子会社の関係にある複数の法人
- ・　同一の親会社をもつ複数の法人

- その他その相互間に密接な関係があるかを判断して法務大臣及び厚生労働大臣が個別に認めるもの

をいいます。複数法人で受け入れる場合には、それぞれの法人で少なくとも技能実習各号における実習実施期間の12分の１以上の実習を行う必要があります。

6)　技能実習の人数枠について

　技能実習の適正な実施および技能実習生の保護の観点から、受入企業が受け入れる技能実習生の数については上限が定められています。その具体的な人数枠については、次の表のとおりとなっています。通常は、企業単独型で受け入れられる１号技能実習生は、常勤職員総数の20分の１までです（団体監理型は基本人数枠参照。ただし、優良な実習実施者の場合を除く）。

【図：技能実習の人数枠】

■基本人数枠

申請者の常勤の職員の総数	技能実習生の数
301人以上	申請者の常勤の職員の総数の20分の１
201人以上300人以下	15人
101人以上200人以下	10人
51人以上100人以下	6人
41人以上50人以下	5人
31人以上40人以下	4人
30人以下	3人

■企業単独型の人数枠

	1号 （1年間）	2号 （2年間）	優良な実習実施者の場合		
			1号（1年間）	2号（2年間）	3号（2年間）
A	基本人数枠	基本人数枠の 2倍	基本人数枠の 2倍	基本人数枠の 4倍	基本人数枠の 6倍
B	常勤職員総数の 20分の1	常勤職員総数の 10分の1	常勤職員総数の 10分の1	常勤職員総数の 5分の1	常勤職員総数の 10分の3

※　A：法務大臣および厚生労働大臣が継続的かつ安定的に企業単独型技能実習を行わせることができる体制を有すると認めるもの
　　B：A以外のもの

■団体監理型の人数枠

| | 1号
（1年間） | 2号
（2年間） | 優良な実習実施者・監理団体の場合 | | |
			1号（1年間）	2号（2年間）	3号（2年間）
A	基本人数枠	基本人数枠の 2倍	基本人数枠の 2倍	基本人数枠の 4倍	基本人数枠の 6倍

＜人数枠の計算例＞

　常勤職員総数70名の企業が、団体監理型と企業単独型双方の技能実習生を受け入れるケースを考えます。この場合、受入企業が優良な実習実施者ではなく、また法務大臣、厚生労働大臣に認められる特別枠での申請でないケースにおいて、団体監理型の受入枠は6名、企業単独型の受入枠は3名となります。ただし、人数枠は合算できないので注意が必要となります。例えば、このケースですでに企業単独型3名の受入れを決定している場合には、団体監理型で受け入れられる人数は残り3名となります。逆に団体監理型で先に3名以上の受入れを決定している場合には、企業単独型の受入れはできなくなります。申請の時期や順序によって技能実習生を受け入れられる人数に違いが出ることがあるので注意が必要です。

7)　技能実習生の要件

受け入れる技能実習生に関する要件は以下のとおりです。

① 　18歳以上であること。

② 　制度の趣旨を理解して技能実習を行おうとする者であること。

③ 　本国に帰国後本邦において修得等をした技能等を要する業務に従事することが予定されていること。

④ 　受入企業の外国にある事業所または外国の公私の機関の外国にある事業所の常勤の職員であり、かつ、当該事業所から転勤し、または出向する者であること。

⑤ 　技能実習3号に係るものである場合にあっては、次のいずれかに該当すること。

・　技能実習2号の終了後本国に1か月以上帰国してから技能実習3号を

開始するものであること。

- 　技能実習2号の終了後引き続き技能実習3号を開始してから1年以内に技能実習を休止して1か月以上1年未満の期間一時帰国した後、休止している技能実習を再開するものであること。

⑥　同じ技能実習の段階（技能実習1号、技能実習2号または技能実習3号の段階をいう）に係る技能実習を過去に行ったことがないこと（やむを得ない事情がある場合を除く）。

⑥に関して、過去に技能実習で来日した外国人が、同じ業種の技能等について、同じ段階の技能実習を受けようとすることは原則認められていませんが、以下のような要件を全て満たす場合に限って、認められる余地があります。

- 　前回行った技能実習も今回行おうとする技能実習も、いずれも原則として移行対象職種・作業に係るものではなく、技能実習1号であること。
- 　前回行った技能実習において移行対象職種・作業として技能実習計画を策定しなかったことに合理的な理由があること。
- 　前回行った技能実習の目標が達成されていること。
- 　今回行おうとする技能実習の内容が、前回行った技能実習の内容と比べてより上級のものまたは関連する技能等の修得を目的とするものであること。
- 　前回行った技能実習で学んだ技能等が、母国において活用されている、または活用される予定があること。

8)　入国前・入国後講習に関する要件

技能実習1号では、日本語・生活一般に関する知識等の科目について、座学により、定められた期間にわたり入国後講習を行うことが必須とされています。

入国後講習の時間数は、技能実習1号での技能実習予定時間の6分の1とされていますが、もしも入国前に、現地で入国前講習を所定時間以上行うのであれば、日本に来てからの入国後講習は技能実習1号での技能実習予定時間の12分の1以上に短縮可能です。

① 講習の実施者

　企業単独型の技能実習の場合、受入企業が自社で行うことも、外部に委託することも可能です。

　※　外部に委託する場合は、委託契約書の写しを提出する必要があります。

② 講習時間

- ・　入国前講習：技能実習生の入国前6か月以内に、1か月以上の期間にわたり、160時間以上の講習を座学で実施します。

　※　入国前講習の実施は任意です。

- ・　入国後講習：技能実習生が日本で行う技能実習1号の予定時間全体の6分の1以上。ただし、入国前講習を実施する場合には、日本に来てからの入国後講習は全体の技能実習予定時間の12分の1以上に短縮可能です。

③ 講習科目

Ⅰ　日本語

　技能実習生が技能実習の遂行や日常生活に不自由しないレベルに達することができるように講習を行います。

Ⅱ　日本での生活一般に関する知識

　日本の法律や規則、社会生活上のルールやマナーについての講習を行います。
＜想定される内容＞

　自転車の乗り方等日本の交通ルール、公共機関の利用方法、国際電話の掛け方、買い物の仕方、ゴミの出し方、銀行・郵便局の利用方法等

Ⅲ　法的保護講習

　入管法、労働基準法等の技能実習生の法的保護に必要な情報についての講習を、専門的な知識を有する者が、全ての実習が始まる前に行う必要があります。

Ⅳ　日本での円滑な技能等の修得等に資する知識

　機械の構造や操作に関する知識、技能実習への心構え、企業内での規律等

　※　現場施設見学を行うことも含まれます。工場の生産ライン等の商品生産施設においては見学以外の活動は認められません。商品生産施設での機械操作教育や安全衛生教育は、講習としてではなく、実際の技能実習として実施しなければなりません。
　※　入国前講習は、上記のうちⅠ、Ⅱ、Ⅳのいずれかを160時間以上実施します。

※　入国後講習は、上記のⅠ～Ⅳすべてが対象となります。

④　講習の実施時期

　入国後講習の実施時期については、企業単独型技能実習の場合はⅢの法的保護講習の科目のみ、技能実習が始まる前に行う必要があります。

　それ以外のⅠ、Ⅱ、Ⅳの講習については、入国後すぐに集中的に行うことも、技能実習の開始後、数か月間にわたって行うことも可能です。なお、団体監理型技能実習の場合は、全ての科目の講習について、技能実習が始まる前に実施する必要があります。

⑤　各科目の時間配分

　各科目の時間数やその割合については、技能実習生の個々の能力や技能等を修得するために必要な知識の程度によって、それぞれの科目に必要な時間数が異なることから、受入企業において適宜決定しますが、Ⅲの法的保護講習は、「技能実習法令」、「入管法令」、「労働関係法令」、「その他法的保護に必要な情報」の4つを各2時間ずつ計8時間程度の時間配分が必要とされています。

⑥　使用する教材

　使用する教材については、任意のものを使用可能です。Ⅱ「日本での生活一般に関する知識」およびⅢ「法的保護講習」の科目については、空港での入国審査のときに渡される「技能実習生手帳」を教材の1つとして必ず使用することとされています。また、外国人技能実習機構で実施する母国語相談において申告を受け付けることなどについても、知識として技能実習生に伝える必要があります。

9)　技能実習指導体制に関する要件

　受入企業は、技能実習責任者、技能実習指導員、生活指導員の選任を義務付けられています。

⑴　技能実習責任者の選任要件

　①　受入企業の常勤の役員もしくは職員の方

② 自己以外の技能実習指導員、生活指導員その他の技能実習に関与する職員を監督することができる立場にある方

③ 過去３年以内に技能実習責任者に対する講習を修了した者

④ 欠格事由に該当しない方（禁固刑以上の刑に処された方などが欠格事由に該当）

⑤ 過去５年以内に入管関連法令、労働関連法令に関して不正または著しい不当な行為をしていない方

⑥ 未成年者ではない方

※ 技能実習責任者は、技能実習指導員、生活指導員等を監督する立場にあることから、新人職員を技能実習責任者に選任することは認められません。

⑵ 技能実習指導員の選任要件

① 受入企業の常勤の役員もしくは職員のうち、技能実習を行わせる事業所に所属、常駐して勤務する方。

※ 出向者は対象外となります。
※ 技能実習生が働く事業所に常勤している職員であることを確認するため、常勤性確認書類の提出が必要です（※実習を行う事業所名が明記された健康保険証の写し、もしくは６か月分の出勤簿と賃金台帳など）。

② 修得等をさせようとする技能等について５年以上の経験を有する方

※ 指導員の履歴書で、５年以上の経験を有することが確認できる必要があります。
※ 技能実習指導員が１人で全ての経験を網羅することが困難な場合には、職種および作業ごとに異なる技能実習指導員を配置することも可能です。
※ 技能実習指導員に対する講習の受講
　技能実習指導員は、技能実習責任者と異なり講習の受講は義務ではありませんが、技能実習指導員に対する講習を修了したものであることが望ましいとされています。
　（技能実習指導員に対する講習を修了している場合、優良な実習実施者の要件の加点要素とされ、推奨されています）

③ 欠格事由に該当しない方（禁固刑以上の刑に処された方などが欠格事由に該当）

④ 過去５年以内に入管関連法令、労働関連法令に関して不正又は著しい不当な行為をしていない方

⑤ 未成年者ではない方

⑶　生活指導員の選任に関するもの

① 　生活指導員の役割

　生活指導員は、技能実習生の日本での生活上の留意点について指導するだけでなく、技能実習生の生活状況を把握するほか、技能実習生の相談に乗るなどして、問題の発生を未然に防止することが求められます。なお、生活指導員が全ての生活指導を自ら行わなければならないものではなく、補助者を付けて生活指導をすることも可能です。

② 　生活指導員の現場への常駐

　生活指導員は、技能実習生を生活面から直接指導する必要があることから、技能実習を行わせる事業所（工場など）に所属して勤務する方を選任しなければなりません。

　※　常勤性確認書類の提出が必要です（※実習を行う事業所名が明記された健康保険証の
　　　写し、もしくは6か月分の出勤簿と賃金台帳など）。

③ 　生活指導員に対する講習の受講

　生活指導員は、技能実習責任者と異なり講習の受講は義務ではありませんが、生活指導員に対する講習を修了したものであることが望ましいとされています。

　また次の方は、生活指導員になることができません。

- 　欠格事由に該当する方（禁固刑以上の刑に処された方などが欠格事由に該当）
- 　過去5年以内に入管関連法令、労働関連法令に関して不正又は著しい不当な行為をした方
- 　未成年者

10）技能実習生の報酬に関する要件

　技能実習生に対する報酬の額は日本人が従事する場合の報酬の額と同等以上であることとされています。技能実習生に対する報酬の額については、技能実習生であるという理由で不当に低くなるということがあってはなりません。同程度の技能を有する日本人労働者がいる場合には、技能実習生に任せる職務内容や技能実習生の職務に対する責任の程度が日本人労働者と同等であることを説明した上で、日本人労働者に対する報酬の額と同等以上であることを説明す

る必要があります。

2017年11月の技能実習法施行以前の技能実習制度では、地域別最低賃金を超えていることが報酬の基準とされていましたが、現行制度においては、受入企業内の賃金体系や職務内容、職責が同程度の日本人労働者との給与を比較して、技能実習生の報酬が妥当であることを説明する必要があります。

11) 技能実習生へ報酬の支払いについて

海外子会社、関連会社から一定期間、日本で社員を受け入れて働いてもらうという形態は、技能実習（企業単独型）と【第2章　2の企業内転勤】で共通しています。しかし、企業内転勤が出向元である現地法人から支給される給与について、在留資格を申請する際の月額報酬として認められるのに対し、技能実習では受入企業が全額支給することが求められています。

もちろん、日本の受入企業との雇用契約書に基づき日本人と同等以上の給与が支払われた上で、現地法人からも給与の支払いが継続される分には問題ありません。同様に現地法人から支給される賞与も、申請の要件を満たした上で追加的に支給されるものであれば、現地法人から支払われても特段の問題はありません。なお、日本法人が本人の希望のもと（本人の了承を得て）、海外の本人口座へ給与を支給する場合、これは技能実習計画認定申請上の給与として認められることになっています。

12) 技能実習生の宿泊施設に関する要件

具体的に以下の要件が定められています。

① 受入企業が宿泊施設を確保する場所は、爆発物、可燃性ガス等の火災による危険の大きい物を取扱い・貯蔵する場所の付近、高熱・ガス・蒸気・粉じんの発散等衛生上有害な作業場の付近、騒音・振動の著しい場所、雪崩・土砂崩壊のおそれのある場所、湿潤な場所、出水時浸水のおそれのある場所、伝染病患者収容所等建物及び病原体によって汚染のおそれの著しいものを取り扱う場所の付近を避ける措置を講じていること。

② 2階以上の寝室に寄宿する建物には、容易に屋外の安全な場所に通ずる階段を2箇所以上（収容人数15人未満は1箇所）設ける措置を講じている

こと。

③　適当かつ十分な消火設備を設置する措置を講じていること。

④　寝室については、床の間・押入を除き、1人当たり4.5㎡以上を確保することとし、個人別の私有物収納設備、室面積の7分の1以上の有効採光面積を有する窓及び採暖の設備を設ける措置を講じていること。

⑤　就眠時間を異にする2組以上の技能実習生がいる場合は、寝室を別にする措置を講じていること。

⑥　食堂又は炊事場を設ける場合は、照明・換気を十分に行い、食器・炊事用器具を清潔に保管し、ハエその他の昆虫・ネズミ等の害を防ぐための措置を講じていること。

⑦　他に利用し得るトイレ、洗面所、洗濯場、浴場のない場合には、当該施設を設けることとし、施設内を清潔にする措置を講じていること。

⑧　宿泊施設が労働基準法に規定する「事業の附属寄宿舎」に該当する場合は、同法で定められた寄宿舎規則の届出等を行っており、又は速やかに行うこととしていること。

13）報酬から徴収される費用について

　食費、居住費、水道・光熱費など技能実習生が定期に負担する費用については、技能実習生との間で合意がされている必要があります。旧制度において、技能実習生が不当に高額な費用を請求される事例も指摘されていましたが、新制度では、その費用が実費に相当する等適正な額でなければならないことを法令上明確化したものです。

14）優良な実習実施者の基準について

　技能実習3号（4・5年目）の受入れを希望する場合や受入人数枠の特例を受けたい場合には、優良な技能実習実施者としての基準を満たす必要があります。優良な実習実施者の基準については、技能実習法施行規則15条において、同条1号から6号までに掲げる事項を総合的に評価して、技能等の修得等をさせる能力につき高い水準を満たすと認められるものであることとするとされています。また、その運用に当たっては、下記の表で6割以上の点数（120点満

点で72点以上）を獲得した場合に、「優良」であると判断することとされています。

【表：優良な実習実施者の基準】

項目	配点
① 技能等の修得等に係る実績【最大70点】	
Ⅰ 過去３技能実習事業年度^(※)の基礎級程度の技能検定等の学科試験及び実技試験の合格率（旧制度の基礎２級程度の合格率を含む。） ※ 技能実習事業年度：４月１日～３月31日	・95％以上：20点 ・80％以上95％未満：10点 ・75％以上80％未満：０点 ・75％未満：－20点
Ⅱ 過去３技能実習事業年度の２・３級程度の技能検定等の実技試験の合格率 <計算方法> 分母：新技能実習生の２号・３号修了者数 　－うちやむを得ない不受検者数 　＋旧技能実習生の受検者数 分子：（３級合格者数＋２級合格者数×1.5）×1.2 ＊ 旧技能実習生の受検実績について、施行日以後の受検実績は必ず算入。 ＊ 施行後３年間については、Ⅱに代えて、Ⅱ－２(1)及び(2)で評価することも可能とする。	・80％以上：40点 ・70％以上80％未満：30点 ・60％以上70％未満：20点 ・50％以上60％未満：０点 ・50％未満：－40点
Ⅱ－２(1) 直近過去３年間の３級程度の技能検定等の実技試験の合格実績	・合格者３人以上：35点 ・合格者２人：25点 ・合格者１人：15点 ・合格者なし：－35点
Ⅱ－２(2) 直近過去３年間の２級程度の技能検定等の実技試験の合格実績	・合格者２人以上：５点 ・合格者１人：３点
Ⅲ 直近過去３年間の２・３級程度の技能検定等の学科試験の合格実績 ＊ ２級、３級で分けず、合格人数の合計で評価	・合格者２人以上：５点 ・合格者１人：３点
Ⅳ 技能検定等の実施への協力 ＊ 技能検定委員（技能検定における学科試験及び実技試験の問題の作成、採点、実施要領の作成や検定試験会場での指導監督などを職務として行う者）又は技能実習評価試験において技能検定委員に相当する者を社員等の中から輩出している場合や、実技試験の実施に必要とされる機材・設備等の貸与等を行っている場合を想定	・有：５点

②	技能実習を行わせる体制【最大10点】	
	Ⅰ　直近過去3年以内の「技能実習指導員講習」受講歴	・全員有：5点
	Ⅱ　直近過去3年以内の「生活指導員講習」受講歴	・全員有：5点
③	技能実習生の待遇【最大10点】	
	Ⅰ　第1号技能実習生の賃金（基本給）のうち最低のものと最低賃金の比較	・115％以上：5点 ・105％以上115％未満：3点
	Ⅱ　技能実習生の賃金に係る技能実習の各段階ごとの昇給率	・5％以上：5点 ・3％以上5％未満：3点
④	法令違反・問題の発生状況【最大5点】	
	Ⅰ　直近過去3年以内に改善命令を受けたことがあること（旧制度の改善命令相当の行政指導を含む。）	・改善未実施：−50点 ・改善実施：−30点
	Ⅱ　直近過去3年以内における失踪がゼロ又は失踪の割合が低いこと（旧制度を含む。）	・ゼロ：5点 ・10％未満又は1人以下：0点 ・20％未満又は2人以下：−5点 ・20％以上又は3人以上：−10点
	Ⅲ　直近過去3年以内に責めによるべき失踪があること（旧制度を含む。）	・該当：−50点
⑤	相談・支援体制【最大15点】	
	Ⅰ　母国語相談・支援の実施方法・手順を定めたマニュアル等を策定し、関係職員に周知していること	・有：5点
	Ⅱ　受け入れた技能実習生について、全ての母国語で相談できる相談員を確保していること（旧制度を含む。）	・有：5点
	Ⅲ　直近過去3年以内に、技能実習の継続が困難となった技能実習生に引き続き技能実習を行う機会を与えるために当該技能実習生の受入れを行ったこと（旧制度下における受入れを含む。）	・有：5点
⑥	地域社会との共生【最大10点】	
	Ⅰ　受け入れた実習生に対し、日本語の学習の支援を行っていること	・有：4点
	Ⅱ　地域社会との交流を行う機会をアレンジしていること	・有：3点
	Ⅲ　日本の文化を学ぶ機会をアレンジしていること	・有：3点

15）技能実習生受入れの欠格事由について

　技能実習計画の認定の欠格事由は、技能実習法第10条およびその関係政令に定められています。技能実習法を遵守することが期待できない者が、技能実習を行わせることがないよう、技能実習計画の認定には、欠格事由が設けられており、以下のいずれかに該当する者は、技能実習計画の認定を受けることができません。

　具体的な欠格事由は以下のとおりです。

(1)　受入企業が関係法律による刑罰を受けたことによる欠格事由

①　禁錮以上の刑に処せられた者（技能実習法10条1号）

②　技能実習法その他出入国又は労働に関する法律に違反し、罰金刑に処せられた者（技能実習法10条2号・政令1条）

③　暴力団関係法、刑法等に違反し、罰金刑に処せられた者（技能実習法10条3号）

④　社会保険各法及び労働保険各法において事業主としての義務に違反し、罰金刑に処せられた者（技能実習法10条4号）

　いずれも、「刑に処せられ、その執行を終わり、又は執行を受けることがなくなった日から5年を経過しない者」がその対象となります。

(2)　技能実習法による処分等を受けたこと等による欠格事由

①　技能実習計画の認定を取り消された日から5年を経過しない者（取り消された者の法人の役員であった者を含む）等（技能実習法10条7号および8号）

②　技能実習計画認定の申請の日前5年以内に出入国又は労働に関する法令に関し不正又は著しく不当な行為をした者（技能実習法10条9号）

(3)　申請者等の行為能力・役員等の適格性の観点からの欠格事由

①　技能実習に関する業務を適正に行うことができない者（精神の機能の障害により技能実習に関する業務を適正に行うに当たって必要な認知、判断及び意思疎通を適切に行うことができない者（技能実習法10条5号）

② 行為能力に制限がある者（破産手続開始の決定を受けて復権を得ない者）（技能実習法10条6号）

③ 法人の役員、未成年の法定代理人で欠格事由に該当する者（技能実習法10条11号および12号）

⑷ 暴力団排除の観点からの欠格事由

① 暴力団員等（暴力団員または暴力団員でなくなった日から5年を経過しない者）（技能実習法10条10号）

② 暴力団員等がその事業活動を支配する者（技能実習法10条13号）

6 技能実習生受入後の実務

1) 届出・報告

技能実習生受入後は、以下の届出が必要になります。

様式	届出先	期限	備考
技能実習計画軽微変更届出書	受入企業の住所地を管轄する地方事務所・支所の認定課	変更事由発生後1か月以内	軽微な変更にあたる場合に届出が必要。なお、重要な変更の場合には技能実習計画変更認定の申請が必要。
実習実施者届出書	受入企業の住所地を管轄する地方事務所・支所の認定課	技能実習開始後遅滞なく	始めて技能実習生を受け入れて技能実習を行わせたときに提出が必要。既に実習実施者届出受理書を機構から受け取っている場合には届出不要。
技能実習実施困難時届出書	受入企業の住所地を管轄する地方事務所・支所の認定課	届出事由発生後遅滞なく	受入企業について、実習認定の取消し、倒産等の経営上・事業上の理由があった場合、技能実習生について、病気や怪我、実習意欲の喪失・ホームシック、行方不明があった場合など技能実習を行わせることが困難となった場合に届出が必要。また、技能実習生が計画時の予定より早く帰国することが決まった場合に届出が必要。
実習認定取消し事由該当事実に係る報告書	受入企業の住所地を管轄する地方事務所・支所の指導課	報告事由発生後直ちに	実習認定の取消し事由（技能実習法16条1項各号）に該当する場合に報告が必要。

実施状況報告書	受入企業の住所地を管轄する地方事務所・支所の認定課	毎年4月から5月末日まで	年1回の定期報告。優良な実習実施者として技能実習計画の認定を受けて技能実習生を受け入れている場合には、基準を満たすことを明らかにする書類の添付が必要。

2) 帳簿の備付

　受入企業は、帳簿書類を作成し、事業所に備えて置かなければなりません。保管期間は、帳簿書類の基となる技能実習が終了した日から1年間です。備付が必要な書類は、①技能実習生の管理簿、②認定計画の履行状況に係る管理簿、③実習日誌、④入国前・入国後講習の実施状況を記録した書類となっています。また、所管大臣が帳簿書類について告示で定めることがあるので、外国人技能実習機構ホームページ等での確認も必要です。

　技能実習生受入れ後、適正に届出を行い、帳簿を保管していることはとても重要です。外国人技能実習機構が、受入企業に立ち入り検査をすることもあり、その検査では、実態調査や技能実習生へのインタビューを行うほか、各種届出や帳簿の記録・保管・備付状況が調査されます。

7　技能実習受入れのポイント（団体監理型）

1)　団体監理型技能実習受入れの構図

　団体監理型技能実習受入れの【図：団体監理型　技能実習のしくみ】を参照ください。多くの中小企業が一次受入機関となる監理団体を通して、技能実習生の採用を行っています。監理団体は、外国人技能実習生共同受入事業を営む中小企業の事業協同組合等がその役割を担うことが多くなっています。技能実習の受入れを検討する中小企業経営者にとっては、監理団体がその窓口となり、相手国の送出機関を経由して、技能実習生と面接し、採用することになります。そのため、信頼できる事業協同組合等を探すことが、適正に技能実習生を受け入れるための第一歩となります。

【図：団体監理型　技能実習のしくみ】

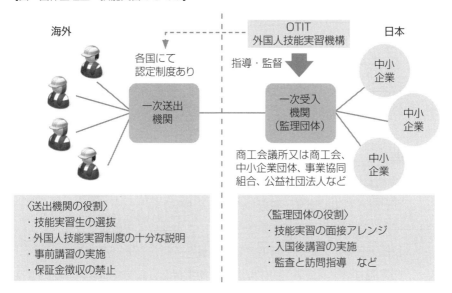

〈送出機関の役割〉
・技能実習生の選抜
・外国人技能実習制度の十分な説明
・事前講習の実施
・保証金徴収の禁止

〈監理団体の役割〉
・技能実習の面接アレンジ
・入国後講習の実施
・監査と訪問指導　など

2) 監理団体の役割

監理団体の主な役割は次のとおりです。

① 技能実習生の面接アレンジ

監理団体は、外国の送出機関を通して受入企業に技能実習生を紹介します。送出機関は、技能実習生になろうとする者からの団体監理型技能実習に係る求職の申込みを日本の監理団体に取り次ぐ機関です。送出機関は、日本国政府と相手国政府の二国間協定により、相手国政府がその認定を行うことになっており、認定送出機関は外国人技能実習機構のホームページに公表されています。

面接は、受入企業の経営者や人事責任者が現地へ出張して行われるほか、最近ではインターネット面談で実施することも増えています。

また技能実習生の送出国には、送出機関とは別に準備機関があります。外国の準備機関とは、技能実習生になろうとする者の外国における準備に関与する外国の機関をいい、例えば、技能実習生になろうとする者を広く対象とするような日本語学校を経営する法人、パスポートやビザの取得代行手続きを行う者などが含まれます。

② 入国後講習の実施

　技能実習1号対象者には、実習期間の内の12分の1以上の座学講習を実施することが義務付けられており、入国後、監理団体で1か月間の集合研修を実施することが一般的となっています。入国後講習では、①日本語、②日本での生活一般に関する知識、③法的保護講習（入管法、労働基準法等）、④円滑な技能等の修得等に資する知識がその対象となります。

③ 監査

　監理団体は、受入企業に対し3か月に1回以上の頻度で監査を適切に行うことが義務付けられています。監査の内容は以下のとおりです。

　　イ　団体監理型技能実習の実施状況について実地による確認を行うこと。

　　ロ　技能実習責任者および技能実習指導員から報告を受けること。

　　ハ　団体監理型受入企業が団体監理型技能実習を行わせている団体監理型技能実習生の4分の1以上（当該団体監理型技能実習生が2人以上4人以下の場合にあっては2人以上）と面談すること。

　　ニ　受入企業の事業所においてその設備を確認し、および帳簿書類その他の物件を閲覧すること。

　　ホ　受入企業が団体監理型技能実習を行わせている団体監理型技能実習生の宿泊施設その他の生活環境を確認すること。

　また、受入企業が、実習認定の取消し事由のいずれかに該当する疑いがあると監理団体が認めた場合には、直ちに臨時の監査を行うことが必要となります。この臨時の監査については、受入企業が認定計画に従って技能実習を行わせていないなどの情報を得たときはもとより、受入企業が不法就労者を雇用しているなど出入国関係法令に違反している疑いがあるとの情報を得たとき、実習実施者が技能実習生の労働災害を発生させたなど労働関係法令に違反している疑いがあるとの情報を得たときなどにも行うことが求められます。

④ 訪問指導

　監理団体は、技能実習1号（1年目）にあっては、監理責任者の指揮の下に、1か月に1回以上の頻度で、受入企業が認定計画に従って技能実習を行わせて

いるかについて実地による確認を行うとともに、受入企業に対し必要な指導を行うこととされています。

3) 団体監理型技能実習受入れの注意点

① 技能実習生の給与と組合管理費用

技能実習生の報酬額は、日本人が従事する場合の報酬の額と同等以上であることとされています。月額報酬のほか、労働保険・社会保険の会社負担分、集合研修の費用、監理団体に支払う監理費用、来日や帰国にかかる費用などを受入企業が負担する必要があり、それらのコストを含めると安価な労働力にはならないことを予め認識しておくことが肝要です。実際には、勤勉に働く技能実習生が多いので、追加でかかるコストを踏まえても、十分に技能実習生を受け入れる価値があるという経営者は少なくありません。

② 2号移行対象職種の確認について

団体監理型の技能実習では、3年〜5年の期間で技能実習生を受け入れるのが一般的です。そのため、技能実習生が行う職種・作業は、2号移行対象職種（「**4** 技能実習受入れの基本要件（企業単独型） 3) 技能実習の内容の要件【図：2号移行対象職種】」参照）でなければなりません（一部の職種は3号移行が認められず最長3年）。実際に2号移行対象職種に該当するかどうかは、対象職種・作業ごとに審査基準が定められていて、そこに記載されている必須業務が時間全体の2分の1以上となること、関連業務が2分の1以下、周辺業務は3分の1以下となることなどを確認する必要があります。また、必須業務、関連業務、周辺業務のそれぞれについて、従事させる時間のうち10分の1以上を安全衛生に係る業務を行うことも定められています。しかし、団体監理型の技能実習については、受入企業が技能実習計画認定申請の書類作成を監理団体に任せきりにしてしまい、職種の確認が曖昧なまま、2号移行対象職種として実際の作業と異なる内容で申請し、後で問題となるケースがあるようです。実習生を受け入れる準備段階で、2号移行対象職種に該当するかどうかの確認はとても重要です。

コンプライアンス違反となった事例

　2018年、大手メーカー数社が、法務省と厚生労働省より技能実習計画の認定取り消し処分を受けたことがニュースになりました。問題となったのは、技能実習生に計画と異なる作業をさせていたことです。対象企業はその後の5年間、「技能実習」のほか、2019年4月導入の在留資格「特定技能」での外国人の新たな受入れができなくなってしまいました。

　この事例からわかることは、技能実習制度において計画通りに実習を行うことが重要であることと、職種・作業の間違いは意図的であるかないかにかかわらず大きな問題となりうることです。企業単独型の技能実習では、海外子会社・関係会社の社員を受け入れるため、来日前に従事している職種・作業も明確ですが、団体監理型の技能実習では人材募集から書類作成まで監理団体に委託するため、監理団体と受入企業間の確認が不足すると大きな問題に発展する可能性があるため十分に注意する必要があります。

2　特定技能

１　新たな在留資格「特定技能」

　2019年４月の「特定技能」創設前までは、専門的・技術的分野の高度人材と言われる外国人や、海外への技能移転を目的とする技能実習生などの受入れは認められていたものの、人手不足による労働力の確保を理由とした受入れを目的とする在留資格はありませんでした。「特定技能」では、人手不足が深刻とされる産業分野において、労働力の確保を理由とする外国人労働者の受入れが可能となりました。しかし、外国人労働者を安価な労働力と考え過酷な労働条件で働かせたりすることが無いよう、とても厳しい要件が設けられています。

２　２つの在留資格

　在留資格「特定技能」には、「特定技能１号」と「特定技能２号」の２つの種類があります。２つの違いは次表のとおりです。

【表：特定技能１号・２号の概要】

	特定技能1号	特定技能2号
活動内容	相当程度の知識又は経験を必要とする技能を要する業務	熟練した技能を要する業務
在留期間	通算で上限5年	通算上限なし
技能水準の確認方法等	技能試験等（技能実習2号を良好に修了した外国人は試験免除）	試験等で確認
日本語能力の確認方法等	試験等で確認（技能実習2号を良好に修了した外国人は試験免除）	試験等での確認不要
配偶者や子の帯同	原則不可（認められる場合あり）	要件を満たせば可
支援計画による支援	必要	不要
永住許可申請の可能性	不可	要件を満たせば可

❸ 特定技能の在留資格該当性について

　在留資格「特定技能」で認められる活動内容（在留資格該当性）は、次の5つの要件をすべて満たす必要があります。

1) 産業分野に関する要件
2) 従事する業務に関する要件
3) 受入れ機関に関する要件
4) 雇用に関する契約に関する要件
5) 支援計画に関する要件（特定技能1号のみ）

topics

コンプライアンス上の注意点

　「特定技能」の在留資格を取得する際だけでなく、「特定技能」で活動している間は常にこの在留資格該当性のある活動を行う必要があります。この5つの要件を一つでも満たさなくなると、不法就労となってしまいます。入管法、労働関係法令の遵守はもちろん、支援計画に沿った支援の実施や届出義務を遵守できるよう、制度の仕組みや必要な手続きをしっかり理解しましょう。

1) 産業分野に関する要件について

　特定技能外国人を受け入れることができる事業所は、人手不足が深刻とされている次の14の産業分野に限られており、この産業分野に該当しない事業所は、特定技能外国人を受け入れることはできません。そのため、特定技能外国人の受入れを検討する際は、まず、特定技能外国人が活動する事業所が14の特定産業分野に該当するかを確認することになります。

外国人が活動する事業所は、次の特定産業分野に該当しますか？

	特定産業分野	管轄省庁
①	介護分野	厚生労働省
②	ビルクリーニング分野	
③	素形材産業分野	経済産業省
④	産業機械製造業分野	
⑤	電気・電子情報関連産業分野	
⑥	建設分野	国土交通省
⑦	造船・舶用工業分野	
⑧	自動車整備分野	
⑨	航空分野	
⑩	宿泊分野	
⑪	農業分野	農林水産省
⑫	漁業分野	
⑬	飲食料品製造業分野	
⑭	外食業分野	

なお、⑥の建設分野と⑦の造船・舶用工業分野のみ「特定技能２号」の受入れが可能です。

　この14の特定産業分野に該当するかの確認は、分野別に公表されている運用要領で確認することができます。本書では、日本標準産業分類の細分類まで確認が必要な製造業３分野（③素形材産業分野、④産業機械製造業分野、⑤電気・電子情報関連産業分野）、⑬飲食料品製造業分野、日本標準産業分類とは別の確認が必要となる⑭外食業分野について解説します。

　自社が製造業３分野や飲食料品製造業分野の特定産業分野に該当すると考えている企業は、まず、特定技能外国人の活動する事業所が、日本標準産業分類に掲げる次の産業のいずれかを行っていることを確認します。

① ③素形材産業分野（製造業）の場合

一　細分類2194–鋳型製造業（中子を含む）

二　小分類225–鉄素形材製造業

三　小分類235–非鉄金属素形材製造業

四　細分類2424–作業工具製造業

五　細分類2431–配管工事用附属品製造業（バルブ、コックを除く）

六　小分類245–金属素形材製品製造業

七　細分類2465–金属熱処理業

八　細分類2534–工業窯炉製造業

九　細分類2592–弁・同附属品製造業

十　細分類2651–鋳造装置製造業

十一　細分類2691–金属用金型・同部分品・附属品製造業

十二　細分類2692–非金属用金型・同部分品・附属品製造業

十三　細分類2929–その他の産業用電気機械器具製造業（車両用、船舶用を含む）

十四　細分類3295–工業用模型製造業

② ④産業機械製造業分野（製造業）の場合

一　細分類2422–機械刃物製造業

二　小分類248–ボルト・ナット・リベット・小ねじ・木ねじ等製造業

三　中分類25–はん用機械器具製造業

（細分類2534–工業窯炉製造業、細分類2591–消火器具・消火装置製造業および細分類2592–弁・同附属品製造業を除く）

四　中分類26–生産用機械器具製造業

（細分類2651–鋳造装置製造業、細分類2691–金属用金型・同部分品・附属品製造業および細分類2692–非金属用金型・同部分品・附属品製造業を除く）

五　小分類270–管理、補助的経済活動を行う事業所（27 業務用機械器具製造業）

六　小分類271–事務用機械器具製造業

七　小分類272–サービス用・娯楽用機械器具製造業

八　小分類273–計量器・測定器・分析機器・試験機・測量機械器具・理化学機械器具製造業

九　小分類275–光学機械器具・レンズ製造業

③　⑤電気・電子情報関連産業分野（製造業）の場合

一　中分類28–電子部品・デバイス・電子回路製造業

二　中分類29–電気機械器具製造業（細分類2922–内燃機関電装品製造業および細分類2929–その他の産業用電気機械器具製造業（車両用、船舶用を含む）を除く）

三　中分類30–情報通信機械器具製造業

　製造業3分野で『日本標準産業分類に掲げる産業を行っている』とは、1号特定技能外国人が業務に従事する事業場において、直近1年間で上記に掲げるものについて製造品出荷額等が発生していることを指します。

　製造品出荷額等とは、直近1年間における製造品出荷額、加工賃収入額、くず廃物の出荷額およびその他収入額の合計であり、消費税および酒税、たばこ税、揮発油税および地方揮発税を含んだ額のことを指します。

④　⑬飲食料品製造業分野の場合

一　中分類09–食料品製造業

二　小分類101–清涼飲料製造業

三　小分類103–茶・コーヒー製造業（清涼飲料を除く）

四　小分類104–製氷業

五　細分類5861–菓子小売業（製造小売）

六　細分類5863–パン小売業（製造小売）

七　細分類5897–豆腐・かまぼこ等加工食品小売業

　具体的にどのような業務を行っている事業所がこれらの日本標準産業分類に該当するのかは、インターネットサイト「政府統計の総合窓口e-Stat」で詳細を確認できます。また、判断が難しい場合、製造業3分野であれば経済産業省、

飲食料品製造業および外食業であれば農林水産省の担当課で確認することができます。

⑤　⑭外食業分野の場合

　外食業分野の場合、「特定技能」が創設された当初は、特定技能外国人が活動する事業者が、日本標準産業分類の、76飲食店、77持ち帰り・配達飲食サービス業のいずれかに該当する事業所である必要がありました。しかし令和2年2月28日から、外食業分野特定技能外国人が活動する事業所は、次の飲食サービス業を行っている事業所となり、外食業分野に該当するか否かの判断がしやすくなりました。

(1)　客の注文に応じ調理した飲食料品、その他の飲食料品をその場で飲食させる飲食サービス業（例：食堂、レストラン、料理店等の飲食店、喫茶店等）

(2)　飲食することを目的とした設備を事業所内に有さず、客の注文に応じ調理した飲食料品を提供する持ち帰り飲食サービス業（例：持ち帰り専門店等）

(3)　客の注文に応じ、事業所内で調理した飲食料品を客の求める場所に届ける配達飲食サービス業（例：仕出し料理・弁当屋、宅配専門店、配食サービス事業所等）

(4)　客の求める場所において調理した飲食料品の提供を行う飲食サービス業（例：ケータリングサービス店、給食事業所等）

　なお、「飲食サービス業を行っている事業所」に当たるかどうかを判断する際には、飲食サービス業を営む部門の売上げが当該事業所全体の売上げの主たるものである必要はありません。このため、例えば、宿泊施設内の飲食部門や医療・福祉施設内の給食部門などに就労させることも可能です。

topics

産業分野の分類に関する実務上の注意点

　実務上多いのが、「自社は特定技能で認められている産業分野に該当しているのか？」というお問い合わせです。自社がどの分野に該当するのかは、分野別の運用要領等で確認できますが、これがとても複雑で確認が難しく、そのために多くのご相談を受けています。

　特定技能で認められている業務に従事してもらいたいと考えていても特定産業分野に該当せず、結果的に特定技能外国人を受け入れることができないという、大変もどかしい思いをすることも多いようです。

　実際にあったケースとしては、例えば「プラスチック製品製造業」を営む企業からの、プラスチック成型業務を行う外国人を雇用したいとのご相談が挙げられます。このケースでは、「プラスチック製品製造業」が上記の特定産業分野に含まれていないことを理由として、特定技能外国人を雇い入れることができませんでした。企業の業態が産業機械製造業・電気・電子情報関連産業に該当していれば、後述のように「プラスチック成型業務」はこの分野で外国人が行える業務に含まれているのですが、そもそも特定産業に該当しないために雇い入れることができず、非常に残念な思いをされていました。

2) 従事する業務に関する要件について

　特定技能外国人が従事できる業務は、省令等で特定産業分野ごとに定められています。

> <input checked="" disabled="" type="checkbox"> チェック
> 想定業務は、次の外国人が従事する対象業務に含まれていますか?

【表:外国人が従事する対象業務一覧】

産業分野	外国人が従事する業務	試験区分
介護	・身体介護等(利用者の心身の状況に応じた入浴,食事,排せつの介助等)のほか,これに付随する支援業務(レクリエーションの実施,機能訓練の補助等)(注)訪問系サービスは対象外	1試験区分
ビルクリーニング	・建築物内部の清掃	1試験区分
素形材産業	・鋳造・鍛造・工場板金・めっき・アルミニウム陽極酸化処理 ・仕上げ・機械検査・機械保全・塗装・溶接・ダイカスト ・機械加工・金属プレス加工	13試験区分
産業機械製造業	・鋳造・鍛造・工場板金・めっき・仕上げ・機械検査・機械保全 ・工業包装・電子機器組立て・電気機器組立て ・プリント配線板製造・プラスチック成形・塗装・溶接 ・ダイカスト・機械加工・金属プレス加工・鉄工	18試験区分
電気・電子情報関連産業	・機械加工・金属プレス加工・工場板金・めっき・仕上げ ・機械保全・電子機器組立て・電気機器組立て ・プリント配線板製造・プラスチック成形・塗装・溶接 ・工場包装	13試験区分
建設	・型枠施工・左官・コンクリート圧送・トンネル推進工 ・建設機械施工・土工・屋根ふき・電気通信・鉄筋施工 ・鉄筋継手・内装仕上げ/表装・とび・建築大工・配管・建築板金 ・保温保冷・吹付ウレタン断熱・海洋土木工	18試験区分
造船・舶用工業	・溶接・塗装・鉄工・仕上げ・機械加工・電気機器組立て	6試験区分
自動車整備	・自動車の日常点検整備、定期点検整備、分解整備	1試験区分

航空	・空港グランドハンドリング（地上走行支援業務、手荷物・貨物取扱業務） ・航空機整備（機体、装備品等の整備業務等）	2試験区分
宿泊	・フロント、企画・広報、接客、レストランサービス等の宿泊サービスの提供	1試験区分
農業	・耕種農業全般（栽培管理、農作物の集出荷・選別等）・畜産農業全般（飼養管理、畜産物の集出荷・選別等）	2試験区分
漁業	・漁業（漁具の製作・補修、水産動植物の探索、漁具・漁労機械の操作、水産動植物の採捕、漁獲物の処理・保蔵、安全衛生の確保等） ・養殖業（養殖資材の製作・補修・管理、養殖水産動植物の育成 管理・収獲（穫）・処理、安全衛生の確保）	2試験区分
飲食料品製造業	・飲食料品製造業全般（飲食料品（酒類を除く）の製造・加工、安全衛生）	1試験区分
外食業	・外食業全般（飲食物調理、接客、店舗管理）	1試験区分

　この表にある「外国人が従事する業務」を主たる業務として活動している特定技能外国人の場合、同様の業務を行う日本人が通常行っている関連業務も従たる業務として行うことができます。例えば、飲食料品製造業分野で主たる業務として飲食料品製造業全般（飲食料品の製造・加工）を行っている特定技能外国人であれば、同様の業務を行っている日本人従業員が通常行っている食料品製造工場の清掃なども、従たる業務として行うことが許容されています。

　なお、就労が認められている在留資格の知識や技能水準は次表のとおりで、「特定技能２号」は、「高度専門職」や「技術・人文知識・国際業務」と同等の知識・技能水準が必要な業務と考えられています。

【図：就労が認められている在留資格の知識・技能の水準比較】

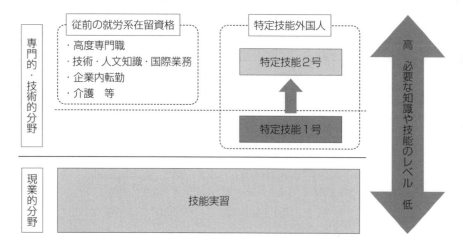

人材発掘の視点から

　14の特定産業分野のうち、素形材産業、産業機械製造業、電気・電子情報関連産業の製造業3分野や建設業分野などは、外国人の技能水準を確認する試験区分と行える業務が細かく分かれています。これらの産業分野では、既に技能実習2号修了者も多く、そのため現時点では特定技能外国人となる方は、技能実習を修了した方（技能実習ルート）が多いようです。

　一方、介護、ビルクリーニング、宿泊、外食業などは、試験区分が1つであり、外国人の行える業務の幅も広くなっています。日本で仕事がしたい外国人からすると、試験区分が少なく、行える業務の幅が広い産業分野の方が、就職もしやすく活動しやすいと考える傾向にあるようです。

3)　受入れ機関に関する要件について

　受入れ機関とは、特定技能外国人を労働者として受け入れる企業等のこと言います。この受入れ機関には、株式会社等の会社のほか、個人事業主も含まれますので、個人事業主の方も次の基準に該当すれば、特定技能外国人を雇い入れることができる場合があります。

受入れ機関（企業）は次の基準に適合していますか？

【表：受入れ機関に求められる基準】

基　　　準	チェック！
①　労働、社会保険及び租税に関する法令の遵守	☑
②　1年以内に特定技能外国人が行う業務と同種の業務に従事していた労働者を離職させていないこと（自発的な離職や定年退職などは除く）	☑
③　1年以内に受入れ機関の責任による行方不明者を発生させていないこと	☑
④　欠格事由に該当しないこと ・　欠格事由とは、法令違反による罰則を受けた、特定技能外国人への支援不履行、役員等の適格性を欠く場合、技能実習の認定取消しを受けた、暴力団員等、保証金等の徴収などです。	☑
⑤　5年以内に出入国又は労働関係法に関する不正行為等を行っていないこと	☑
⑥　特定技能外国人の活動状況に関する文書を作成し、事業所に備え置くこと	☑
⑦　支援費用を特定技能外国人に負担させないこと	☑
⑧　労災保険に関する手続きを適切に行っていること	☑
⑨　雇用契約を確実に履行できる財産基盤を有していること	☑
⑩　報酬の支払いを預金口座への振込み又は現金支払いの場合は支払いを裏付ける客観的な資料を提出できること	☑
⑪　外国人を支援する体制があること（登録支援機関に全部委託する場合は不要）	☑
⑫　産業分野ごとに定める基準に適合していること	☑
⑬　派遣形態の場合、定められた基準に適合していること（派遣が認められるのは漁業と農業のみ）	☑

※　⑪外国人を支援する体制があることとは、次のいずれかに該当する場合です

(ア)　受入れ機関に過去2年間に就労系の在留資格をもって在留する外国人（中長期在留者）の受入れまたは管理を適正に行った実績があり、かつ、役員または職員の中から支援責任者、特定技能外国人が活動する事業所ごとに1名以上の支援担当者を選任していること（兼務可）

(イ)　過去2年間に就労系の在留資格をもって在留する外国人（中長期在留者）の生活相談業務に業務として従事した経験がある役職員の中から支援責任者および特定技能外国人が活動する事業所ごとに1名以上の支援担当者を選任していること（兼務可）

(ウ)　(ア)、(イ)と同等程度に支援業務を適正に実施することができるものとして認められること

支援責任者と支援担当者は兼務可能ですが、特定技能外国人への支援が中立的に行えるよう、特定技能外国人への指揮命令権があるような立場にある方は、支援責任者や支援担当者にはなれません。例えば、特定技能外国人が活動する部署の部長や、社長なども指揮命令権があるものとして支援責任者や支援担当者にはなれないのが通常です。そのため、業務上の指揮命令権のない、総務部や人事部の方が支援責任者や支援担当者となるケースが多いようです。

　社長1名、従業員1名のような小規模な受入れ機関の場合で、従業員が特定技能外国人に指示を出して業務を行うようなケースでは、指揮命令権の関係から受入れ機関内で支援責任者や支援担当者を選任させることが難しくなり、支援体制の要件を満たせません。

　このように受入れ機関が支援体制の要件を満たせないときは、登録支援機関に支援計画の実施の全部を委託することで、支援体制の要件を満たすことができます。

> **topics**
>
> ### 採用時の注意
>
> 　特定技能外国人の受入れ後、受入れ機関が上記の要件を満たさなくなると、その時点から特定技能外国人は当該受入れ機関での活動ができなくなります。例えば、10名受け入れている特定技能外国人のうち、1名の特定技能外国人とのコミュニケーションがうまくいかないのでその特定技能外国人を解雇したいと考えたとしても、簡単に解雇してしまうと【表：受入れ機関に求められる基準】の②を満たせなくなり、同様の業務を行っている他の特定技能外国人もその受入れ機関での活動ができなくなりますので、採用時の面接等で受け入れる外国人をしっかりと見極めることが重要です。

4) 雇用に関する契約に関する要件について

　特定技能外国人と受け入れる企業（受入れ企業）とが締結する「雇用に関する契約」は、労働関連法令の規定に適合していることのほか、次の要件を満たす必要があります。

【表：「雇用に関する契約」が満たしているべき要件一覧】

基　　　準	チェック！
① 労働関連法令の規定に適合していること	☑
② 特定技能で認められている業務に従事させるものであること	☑
③ 所定労働時間が、通常の労働者の所定労働時間と同等であること	☑
④ 報酬額が、日本人が従事する場合の報酬額と同等以上であること	☑
⑤ 外国人であることを理由に差別的な取扱いをしていないこと	☑
⑥ 一時帰国を希望した場合に必要な有給休暇を取得させるものとしていること	☑
⑦ 派遣をする場合は、派遣先企業名、住所、派遣期間を定めていること（派遣が認められる産業分野は、漁業と農業のみです）	☑
⑧ 帰国担保措置を講じていること	☑
⑨ 健康状況その他の生活状況の把握のための措置を講じていること	☑
⑩ 産業分野毎に定めている基準に適合していること	☑

※「雇用に関する契約」で規定する内容が上記要件に適合する必要があります。

---

topics

労働条件等の説明はしっかりと

　日本に働きに来る外国人にとって、労働条件、報酬や控除される額など雇用に関する契約内容は非常に重要です。そのため、雇用契約を締結する際は、契約書には特定技能外国人が十分に理解できる言語（できれば母国語）を併記するなどして、契約内容を理解してもらった上で合意をすることが重要です。給料から天引きされる税、保険、住居費などを理解していないと、契約した給料より少なくされていると勘違いをしてしまうこともあるようです。このようなことでトラブルとなると失踪等の大きな問題にも発展してしまい、結果として、特定技能外国人を受け入れられなくなることもありますので注意しましょう。

5）支援計画に関する要件について

受入れ機関は、「特定技能1号」で受け入れる場合、職業生活上、日常生活上または社会生活上の支援計画を作成しなければなりません。また、登録支援機関に支援の全部を委託した場合も、この支援計画は受入れ機関が主体となって作成する必要があります。もっとも登録支援機関に支援計画の作成を手伝ってもらうことは排除されていませんので、登録支援機関に支援の全部を委託した場合などは、登録支援機関に協力してもらいながら作成することが多いでしょう。

【図：受入れ機関と登録支援機関の関係】

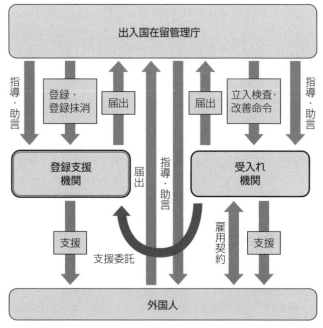

出典：出入国在留管理庁資料「新たな外国人材の受入れ及び共生社会実現に向けた取組」

【表：支援計画で満たしているべき基準（支援）】

基　　準	チェック！
①　外国人に対する入国前の事前ガイダンスの提供	☑
②　入国時の空港等への出迎え及び帰国時の空港等への見送り	☑
③　適切な住居の確保に係る支援	☑
④　生活に必要な契約に係る支援（銀行口座、携帯電話、その他ライフライン）	☑
⑤　在留中の日常生活に必要な情報提供（生活オリエンテーション）	☑
⑥　行政機関への届出等への同行等	☑
⑦　生活に必要な日本語学習の機会提供	☑
⑧　外国人からの相談・苦情への対応	☑
⑨　日本人との交流の促進に係る支援	☑
⑩　特定技能雇用契約を解除される場合の転職支援	☑
⑪　定期的（3か月に1回以上）な面談と行政機関への通報について	☑

　①事前ガイダンス、⑤生活オリエンテーション、⑧相談・苦情対応、⑪定期的な面談は、特定技能外国人が十分に理解できる言語で行う必要があります。また、⑪の定期面談は対面で行う必要があるため、電話やメール、テレビ電話等での面談は認められません。

topics

新型コロナウイルス感染症の特例

　直接の対面が求められる定期面談ですが、2020年2月頃から感染拡大のあった新型コロナウイルスの影響で、感染予防の観点から対面での面談が難しくなりました。これに対し、事態が収束するまでの間、対面によらず、テレビ電話、電話等の方法でも差し支えないとする対応がとられました。

　支援計画は、入国管理局への特定技能の申請時に提出しますが、これとは別途、計画通りに実施しているかの届出（特定技能所属機関による支援状況に係

る届出）を年4回提出する必要があります。

支援を計画通りに実施していない場合には、支援を怠ったこととなり、上記3）で説明した「受入れ機関に求められる基準」にある④欠格事由に該当し、その後、特定技能外国人を受け入れられなくなりますので、支援計画に沿って適切に支援を行うようにすることが重要となります。

4 特定技能外国人の上陸基準適合性について

特定技能外国人の在留資格諸申請においては、上記以外に次の6つの基準に適合するかどうかが判断されるため、これらに適合している必要があります。

1) 外国人に関する基準
2) 申請人等が負担する保証金や違約金等に関する基準
3) 費用負担に関する基準
4) 送り出し国での手続きに関する基準
5) 特定産業分野ごとの上乗せ告示基準

1) 外国人に関する基準について

☑チェック
受け入れる外国人は、次の基準に適合していますか？

【表：外国人に関する基準一覧】

基　　準	チェック！
① 18歳以上であること	☑
② 健康状態が良好であること	☑
③ 特定技能で必要とされる技能を有していることが試験その他の評価方法により証明されていること	☑
④ 生活に必要な日本語能力及び業務に必要な日本語能力を有していること	☑
⑤ 退去強制令書の円滑な執行に協力しない国・地域の外国人ではないこと	☑
⑥ 特定技能1号での通算在留歴が5年に達していないこと（特定技能1号の場合）	☑

① 18歳以上であること

　特例技能で受け入れる外国人は、18歳以上であることが求められます。

② 健康状態が良好であること

　安定的かつ継続的に就労活動を行うことについて健康上の支障がない必要があります。健康状態が良好であることの確認は、参考様式の健康診断個人票に掲げる項目の検診を行い、健康診断個人票を提出します。

③ 特定技能で必要とされる技能を有していることが試験その他の評価方法により証明されていること

【図：「技能実習ルート」と「試験合格ルート」のフローチャート】

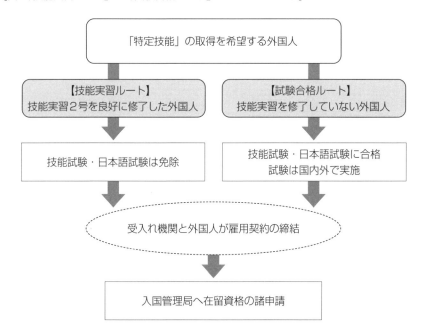

技能を有していると認められるためには、主に【技能実習ルート】と【試験ルート】の2つがあり、【技能実習ルート】の場合は試験が免除されます。

◆技能実習ルート

　特定技能で従事しようとしている業務と関連する職種・作業で技能実習2号を良好に修了している方は試験が免除されます。

　技能実習ルートの場合、技能検定3級に合格したことを証明する資料や、技能実習2号での活動を行っていた機関から「技能実習生に関する評価調書」をもらい提出することになります。

　この「技能実習生に関する評価調書」を、技能実習を行っていた機関が発行してくれないケースも多く、技能試験3級に合格していない方の特定技能への移行を難しくしていることもあるようです。

　また、介護分野の場合は、EPA介護福祉士候補者としての在留期間（4年間）を満了した外国人は、一定の要件を満たす場合、介護分野の試験が免除となります。

◆試験ルート

　各産業分野、業務区分ごとに指定されている技能試験に合格している場合、試験の合格証明書などを提出します。

④　生活に必要な日本語能力および業務に必要な日本語能力を有していること

　生活に必要な日本語能力は、国際交流基金日本語基礎テストまたは日本語能力試験（N4以上）を有している必要があります。また介護分野に限り、業務に必要な日本語能力を有する必要があり、上記日本語試験のほか、「介護日本語評価試験」にも合格している必要があります。

　技能実習ルートの場合、生活に必要な日本語能力の試験合格は免除されます。またEPA介護福祉士候補者としての在留期間（4年間）を満了した外国人は、生活に必要な日本語能力に係る試験および介護分野の業務に必要な日本語能力に係る試験「介護日本語評価試験」のいずれも免除となります。

⑤　退去強制令書の円滑な執行に協力しない国・地域の外国人でないこと

　イラン・イスラム共和国は、退去強制令書の円滑な執行に協力しない国とされておりイラン・イスラム共和国籍の方は、特定技能外国人としての入国がで

きません。

⑥　特定技能1号での通算在留歴が5年に達していないこと（特定技能1号の場合）

特定産業分野を問わず「特定技能1号」で日本に在留した期間が5年に達していないことが要件となっています。「特定技能1号」で在留中に再入国許可（みなし再入国も含む）を受けて出国していた期間も、通算在留期間に含まれます。

2)　申請人等が負担する保証金や違約金等に関する基準について

☑チェック
保証金や違約金等について、次の基準に適合していますか？

【表：保証金、違約金等に関する基準】

基　　準	チェック！
①　特定技能外国人として来日するために、保証金や違約金などの徴収等をされていないこと	☑

※　特定技能外国人だけでなく、親族等も保証金等を徴収されていないこと、雇用契約の不履行について違約金を定める契約等をしていないことが求められています。

3)　費用負担に関する基準について

☑チェック
外国人の負担費用について、次の基準に適合していますか？

【表：費用負担に関する基準一覧】

基　　準	チェック！
①　求職や特定技能外国人としての来日等の準備に関して、外国の機関に費用を支払っている場合には、その内訳や額を十分に理解して合意していること	☑
②　食費、住居費など、特定技能外国人が定期的に負担する費用について、特定技能外国人が十分に理解していて、かつ、負担する費用が実費に相当する額であり、その明細が書面で提示されること	☑

4) 送り出し国での手続きについての基準

　特定技能外国人として日本で就労を行うために、本国（送り出し国）で許可等を受ける必要がある場合、この手続きを経ている必要があります。

　また、特定技能外国人の受入れに関して二国間協定を締結し、手続きを定めている主な国の手続きは次表のとおりです。

【表：送り出し国で必要な手続きの一覧（一部）】

国	新規入国 日本在留者の別	採用方法等の 要件	必要な手続概要
フィリピン	新規入国者	認定送出し機関を通じた採用等 詳細はPOLO※にて確認	・POLOを通じて受入れ機関をPOEAに登録 ・海外雇用許可証の発行を受ける
	日本在留者		特定技能で在留中に再入国許可制度を利用してフィリピンに一時帰国する場合、POEAで海外雇用許可証を取得する必要あり
カンボジア	新規入国者	認定送出機関を通じてのみ可	登録証明書を在留資格諸申請時に提出
	日本在留者	直接採用も可	
インドネシア	新規入国者	労働市場情報システム（IPKOL）に受入機関が登録して求人する事を推奨	特定技能外国人が、査証申請前にIPKOLに登録
	日本在留者	－	特定技能外国人が、在留資格変更許可申請前に、海外労働者管理システム（SISKOTKLN）に登録
ネパール	新規入国者	－	・ネパール出国前に海外労働保険の加入や海外労働者福祉基金への支払が求められる。 ・海外労働許可証の取得
	日本在留者	－	特定技能の在留資格で在留中に再入国許可制度を利用してネパールに一時帰国する場合、ネパールで海外労働許可証を取得する必要あり

ミャンマー	新規入国者	認定送出機関を通じてのみ可	・海外労働身分証明カードの申請
	日本在留者	直接採用も可	－
タイ	新規入国者	直接採用も可（現地で直接求人活動は不可）	・雇用契約の認証を受ける必要あり ・出国許可を受ける必要あり ・来日後、在日タイ王国大使館労働担当官事務所に報告書提出
	日本在留者	－	・雇用契約の認証を受ける必要あり ・入社後、在日タイ王国大使館労働担当官事務所に報告書提出

※　POLO：フィリピン海外労働事務所、POEA:フィリピン海外雇用庁

5)　特定産業分野ごとの上乗せ告示基準について

特定産業分野ごとに定められている基準（上乗せ告示）に適合する必要があります。

☑チェック
特定産業分野ごとに定められている上乗せ告示に適合していますか？

【表：上乗せ告示一覧】

特定産業分野	事業所等の基準	協議会等	派遣の可否
介護	・介護福祉士国家資格の受験資格の認定において実務経験と認められる介護等の業務に従事させることができる事業所 ・訪問系サービスを行う事業所は不可 ・人数枠が事業所単位で常勤の介護職員の総数まで	・構成員となる ・必要な協力を行う ・厚生労働大臣が行う調査等への協力を行う	×
ビルクリーニング	・建築物環境衛生総合管理業の登録を受けた営業所	・構成員となる ・必要な協力を行う ・厚生労働大臣が行う調査等への協力を行う	×

素形材産業	事業所が日本標準産業分類に掲げる特定の産業を行っていること	・構成員となる ・必要な協力を行う ・経済産業省が行う調査等への協力を行う	×
産業機械製造業	事業所が日本標準産業分類に掲げる特定の産業を行っていること	・構成員となる ・必要な協力を行う ・経済産業省が行う調査等への協力を行う	×
電気・電子関連産業	事業所が日本標準産業分類に掲げる特定の産業を行っていること	・構成員となる ・必要な協力を行う ・経済産業省が行う調査等への協力を行う	×
建設	・建設特定技能受入計画の認定 ・適正就労管理機関の認定確認	・構成員となる ・必要な協力を行う ・国土交通大臣等が行う調査等への協力を行う	×
造船・舶用工業	・造船・舶用工業分野に係る事業を営むもの	・構成員となる ・必要な協力を行う ・国土交通省等が行う調査等への協力を行う ・登録支援機関も構成員となること	×
自動車整備	・地方運輸局の認証を受けた事業場	・構成員となる ・必要な協力を行う ・国土交通省等が行う調査等への協力を行う ・登録支援機関も構成員となること ・登録支援機関に自動車整備士養成施設において5年以上の指導経験を有する者が置かれていること	×
航空	・空港管理規則に基づく営業承認等を受けた事業者又は航空法に基づく航空設備等に係る認定事業場であること	・構成員となる ・必要な協力を行う ・国土交通省等が行う調査等への協力を行う ・登録支援機関も構成員となること	×

120

宿泊	・旅館・ホテル営業の許可を受けている ・風営法に規定する施設で就労させない ・風営法に規定する接待をさせない	・構成員となる ・必要な協力を行う ・国土交通省等が行う調査等への協力を行う ・登録支援機関も構成員となること	×
農業	・直接雇用の場合は労働者を6か月以上継続して雇用した経験があること ・派遣で受け入れる場合は、労働者を6か月以上継続して雇用した経験又は派遣先責任者講習等を受講した派遣先責任者を選任していること	・構成員となる ・必要な協力を行う ・農林水産省等が行う調査等への協力を行う ・登録支援機関は協議会に必要な協力を行うこと	○
漁業	－	・構成員となる ・必要な協力を行う ・農林水産省等が行う調査等への協力を行う ・登録支援機関は協議会に必要な協力を行うこと	○
飲食料品製造業	事業所が日本標準産業分類に掲げる特定の産業を主として行っていること	・構成員となる ・必要な協力を行う ・農林水産省等が行う調査等への協力を行う ・登録支援機関も協議会の構成員となる	×
外食業	・風俗営業、性風俗関連特殊営業を営む営業所において就労させない ・風営法に規定する接待を行わせない	・構成員となる ・必要な協力を行う ・農林水産省等が行う調査等への協力を行う ・登録支援機関も協議会の構成員となる	×

5 相談事例のご紹介

　「特定技能」外国人を受け入れたいという企業から多くの相談がありますが、受け入れることができなかった、苦労したなどの事例を紹介いたします。

①　建設業を営む企業からの相談事例

　建設業を営むA株式会社から、溶接工として技能実習2号（職種：溶接、作業：半自動溶接）を良好に修了した外国人Zを「特定技能」で雇用したいとのご相談がありました。

　A株式会社の社長としては、14の特定産業分野に建設は入っており、溶接業務は特定技能外国人が行える業務になっていて、採用予定の外国人も技能実習2号を良好に修了していたので、当然「特定技能」としての受入れが可能と考えていました。

　しかし、特定技能外国人が建設業分野で認められている業務区分に「溶接」がありません。技能実習の職種：溶接を修了した方が「特定技能」へ移行できる特定産業分野は、素形材産業分野、産業機関製造業分野、電気・電子関連産業分野、造船・舶用工業分野のみであり、建設業分野へは移行できません。

　雇用したい企業、行わせたい業務、その企業で活躍したい外国人と一見マッチングがうまく行っているように見えますが、特定技能の場合は特定産業分野ごとに行える業務が違うことに注意しなければいけないと感じる事例でした。

②　建設業を営む企業からの相談事例

　建設業を営む株式会社Bから、溶接工として技能実習2号（職種：溶接、作業：半自動溶接）を良好に修了した外国人Yを「特定技能」で雇用したいとのご相談がありました。

　上記①と同じパターンです。通常はこのパターンの場合、①と同じく受入れは不可となり、あきらめることとなります。しかし今回は少し状況が違いました。

　株式会社Bの社長から、営んでいる事業の詳細を確認したところ、今回外国人を受け入れる予定のC事業所は、建設業を営む事業所とは別にあり、製造業

を営んでいるとのこと。

　そこでC事業所ではどのような事業を営んでいるかの確認となります。C事業所は、配電盤の製造に係る加工（溶接）を請け負っているとのことでした。

　そこで、配電盤の製造に係る加工を請け負う事業所は、特定産業分野に該当するかの確認をするために、特定技能に係る規定、日本標準産業分類等を調べると、どうやら特定産業分野「電気・電子情報関連産業」に該当しそうです。

　特定産業分野「電気・電子関連産業」で認められる業務区分には「溶接」業務が入っていますので、特定産業分野、業務区分ともにクリアしました。

　この事例では、この特定産業分野に該当するかの確認が一番苦労しました。特定産業分野に該当するかの確認をする際に、日本標準産業分類の細分類まで確認が必要な産業分野がありますが、営んでいる事業がどの産業分類に該当しているのか、細分類まで明確に把握していない企業も多くある印象です。この事例でも、株式会社Bの社長、管轄する経済産業省の担当者も判断に迷う場面もありました。

　特定産業分野、業務区分がクリアとなり、次に株式会社Bが基準を満たしているかの確認（受入れ機関の基準適合）です。株式会社Bは、技能実習生も多く受け入れていたので、登録支援機関には全部委託はせず、自社で支援体制を整えることとなり、株式会社Bからは支援責任者として社長、支援担当者として特定技能外国人の直属の上司を選任したいとのことでした。しかしここでもつまづきます。支援責任者や支援担当者は、特定技能外国人への支援計画の中立な実施を行うことができる立場の方がなる必要があり、特定技能外国人に対する指揮命令権があるような方は、支援責任者や支援担当者として認められません。大企業であれば、指揮命令権の及ばない、他部署の職員等に支援責任者や支援担当者になってもらうこともできるかもしれませんが、中小企業の場合、このような体制を作ることが難しいことも少なくありません。株式会社Bの場合は、総務を担当する職員の方を支援責任者、支援担当者として選任することができたので、なんとかクリアすることができましたが、クリアできない場合は登録支援機関に全部委託することでこの問題はクリアすることができます。

　受入れ機関が基準に適合しているかの確認は、支援責任者や支援担当者の選任の他、関係法令の遵守があります。社会保険、各種税の納税等が適切に履行

されている旨の疎明資料を収集し確認します。受入れ機関が基準に適合しているかを確認した後、雇用契約を締結し、支援計画を作成しました。そして、外国人から技能実習修了に関する書類や健康診断個人票等を収集し、事前ガイダンスを経た後、在留資格認定証明書交付申請へと進みました。この事例では、ご相談を受けてから申請をするまで2か月程度かかり、申請から1か月程度で無事在留資格認定証明書が交付されました。特定技能に係る在留資格の諸申請は、確認事項や書類が非常に多く、申請までに時間がかかることが少なくありません。特定技能外国人の受入れを考えている企業は、余裕を持って準備を開始することをお勧めします。

③　介護事業を営む法人からの相談事例

　特別養護老人ホームを経営する社会福祉法人Dから、介護技能試験に合格した外国人Xさんを受け入れたいと相談がありました。

　介護は特定産業分野に入っていて、業務区分も介護業務と1つだけです。そのため、特定産業分野および業務区分の確認も一目瞭然で苦労しません。

　社会福祉法人Cは、外国人の受入れ自体が初めてでしたので、特定技能外国人に対する支援は、登録支援機関に全部委託をすることにしました。その結果、支援責任者および支援担当者の選任にも苦労しませんでした。関係法令を遵守している事の疎明資料収集も円滑に進み、相談から2週間程度で在留資格認定証明書交付申請を行うことができました。

　業務区分が少ない特定産業分野や、特定産業分野の確認が複雑ではない産業の企業で、社会保険や納税等の手続をしっかり対応している企業の場合、申請までの期間も早くなり、審査もスムーズに進むことを感じる事例でした。

　特定技能は、受入れ前の確認や申請書類が多いだけでなく、「技術・人文知識・国際業務」などの通常の在留資格とは異なり、受入れ後も支援義務や届出義務など様々な対応が必要です。これらに違反すると、特定技能外国人を受け入れられなくなってしまうだけでなく、罰金等の罰則も科されてしまう可能性がありますので、受け入れた後も、入管法をはじめ関係法令の様々な確認が必要となります。

6　受入れ後に行う必要がある入管法上の届出や帳簿の備付

　受入れ機関は、特定技能外国人を受け入れた後、各種変更等があった際に随時行う届出と、四半期ごとに行う定期届出があります。この届出を怠ると、罰金や過料の罰則規定もあるので必ず届け出るようにしてください。

【表：受入れ機関が行う必要がある届出一覧】

	届出書の種類	届出事由等	届出期間	期限
随時届出	特定技能雇用契約に係る届出書	特定技能雇用契約について、①変更、②終了、③新たな契約の締結があった場合	随時	事由発生日から14日以内
	支援計画変更に係る届出書	特定技能外国人支援計画について、変更があった場合		
	支援委託契約に係る届出書	支援委託契約について、①締結、②変更、③終了があった場合		
	受入れ困難に係る届出書	特定技能外国人の受入れが困難となった場合（行方不明、死亡等）		
	出入国又は労働法令に関する法令に関し不正又は著しく不当な行為（不正行為）に係る届出書	特定技能外国人について、不正行為（残業代等賃金の不払、暴行・脅迫、旅券又は在留カードの取上げ、労働関係法令違反など）があった場合		
定期届出	受入れ状況に係る届出書	・特定技能外国人ごとに、「特定技能」の活動を行った日数、場所及び従事した業務の内容について届出 ・支援状況に係る届出書と併せて提出	1月～3月まで 4月～6月まで 7月～9月まで 10月～12月までの各区分（四半期）ごと	翌四半期の初日から14日以内
	支援実施状況に係る届出書	・支援状況について届出 ・支援計画の全部を登録支援機関に委託した場合は不要		
	活動状況に係る届出書	特定技能外国人に対する報酬の支払い状況、離職者数、行方不明者数、社会保険の加入状況及び労働保険の適用状況等について届出		

【表：登録支援機関が行う必要がある届出一覧】

	届出書の種類	届出事由等	届出期間	期限
随時届出	登録事項変更に係る届出書	登録申請書に記載した事項（氏名又は名称、住所、代表者氏名、支援業務を行う所在地等）に変更があった場合	随時	事由発生日から14日以内
	支援業務の休止又は廃止に係る届出書	・支援業務を休止し又は廃止した場合 ・支援業務の一部を休止又は廃止した場合には、登録事項変更に係る届出書も合わせて提出する。		
	支援業務の再開に係る届出書	支援業務の休止の届出を行った者が支援業務を再開する場合には届出が必要		再開予定日の1か月前まで
定期届出	支援実施状況に係る届出書	・受入れ機関から委託を受けた特定技能外国人支援計画の実施状況について、四半期ごとに届出 ・受入れ機関毎に届出が必要	1月〜3月まで 4月〜6月まで 7月〜9月まで 10月〜12月までの各区分（四半期）ごと	翌四半期の初日から14日以内

受入れ後の帳簿備付義務

⑴ 活動内容に係る文書（帳簿）について

活動内容に係る文書（帳簿）は、次の1)から5)で外国人が活動している事業所に備え置く必要があります。

1) 特定技能外国人の管理簿
   (a) 特定技能外国人の名簿
   (b) 特定技能外国人の活動状況に関する帳簿
2) 特定技能雇用契約契約書
3) 雇用条件通知書
4) 特定技能外国人の待遇に係る事項が記載された書類（賃金台帳（労働基準法108条）等）
5) 特定技能外国人の出勤状況に関する書類（出勤簿等の書類）

⑵ 支援状況に係る文書（帳簿）について

支援状況に関する文書（帳簿）は、次の1)から4)で会社事務所に備え付けが必要です。

必須の記載事項は次のとおりです

1) 支援実施体制に関する管理簿

2) 支援の委託契約に関する管理簿

3) 支援対象者に関する管理簿

4) 支援の実施に関する管理簿

第 3 章

短期滞在

1 短期滞在とは

短期滞在とは、観光、親族訪問、短期商用等のために日本に一時的に滞在するための在留資格です。

2 中長期滞在者と短期滞在者との違い

1) 滞在期間の違い

中長期滞在者とは、以下のいずれにも該当しない外国人を指します。

① 「3か月」以下の在留期間が決定された人

② 「短期滞在」の在留資格が決定された人

③ 「外交」または「公用」の在留資格が決定された人

④ 上記③に準ずる者として法務省令で定める人

⑤ 特別永住者

⑥ 在留資格を有しない人

一方、短期滞在の在留資格が決定された外国人を、本稿では便宜上「短期滞在者」と呼びます。短期滞在者は最大90日以内、日本に滞在できます。在留資格「短期滞在」の場合に許可される在留期間は、90日、30日または15日以内の日を単位とする期間となり、定められた期間以内に出国する必要があります。なお、在留期間は、対象者が日本に滞在する目的、活動内容、必要性等により最終的に上陸審査時の入国審査官が判断・決定するものであって、常に90日の在留期間が認められるものではないことにご注意ください。

2) 手続上の違い

中長期滞在者を招聘する場合、まずは日本の入国管理局に在留資格認定証明書交付申請書を提出し、審査を経て在留資格認定証明書の交付を受けた後、対象者の居住する国または国籍国の在外公館にてビザの発給を受け、来日する必要があります。

一方、短期滞在者を招聘する場合、対象者の居住する国または国籍国の在外公館にて短期滞在のビザの発給手続を行うだけで足ります。なお、執筆時点で、

日本は68の国・地域に対してビザ免除措置を実施しています。ビザ免除措置の対象国・地域の方は、短期滞在での日本入国に際して、ビザを取得する必要はありません。

3)　その他の違い

中長期滞在者の場合は、主要空港においては入国時に在留カードの交付を受け、住所が決まった後に住民登録を行う必要があります（主要空港以外では入国時に在留カードが交付されず、住民登録後に在留カードが郵送で届きます）。

一方、短期滞在者の場合は在留カードが発行されません。日本入国時のイミグレーションカウンターにて、対象者のパスポート内に「証印」（シール）というものが貼付されます。この証印には、日本滞在のための在留資格が短期滞在であること、上陸日（許可年月日）、在留期限、在留期間が記載されています。

＜証印の見本＞

＜法務省ホームページより引用＞
http://www.moj.go.jp/nyuukokukanri/kouhou/nyuukokukanri07_00163.html

３　短期滞在で認められる活動の範囲

短期滞在で認められる活動の範囲は、入管法別表第一の３の「短期滞在」の下欄で次のように定められています。

> 本邦に短期間滞在して行う観光、保養、スポーツ、親族の訪問、見学、講習又は会合への参加、業務連絡その他これらに類似する活動。

「観光」、「親族訪問」以外にも「保養」、「短期商用」等も短期滞在の対象となり、病気の治療を目的としての来日・滞在も短期滞在で可能です。ただし、90日を超える長期入院が必要な場合は、短期滞在ではなく「特定活動（医療滞在）」の対象となります。

そして短期滞在で最も留意すべき点は、「報酬」を伴う活動が認められないということです。

短期滞在で日本に滞在している外国人が報酬を伴う就労活動をしてしまうと「不法就労」に該当し、場合によっては退去強制処分の対象になってしまいます。退去強制処分を受けた外国人は一定期間、日本に入国できなくなってしまいますので、「短期滞在」で認められる活動の範囲内かどうかの確認は非常に重要となります。

そこで以下、短期滞在で認められる活動かどうかの判断も含め、「観光」、「親族訪問」、「保養」以外の短期滞在に該当する活動内容について説明します。なお、上記別表第一の３に列挙されている活動はあくまで例示であり、これら以外は「その他これらに類似する活動」に該当します。

1)　競技会、コンテスト等へのアマチュアとしての参加

日本で行われる競技会やコンテストに「アマチュア」として参加する場合、報酬を伴いませんので短期滞在での来日・滞在が可能です。例えばマラソン大会の「一般参加枠」での参加であれば短期滞在の活動内容に該当すると考えられます。

一方、「プロ」として大会に参加する場合、例えば契約している海外のプロゴルファーが国内ツアーの特定の大会にプロとして参加するような場合は、短期滞在での来日・滞在はできません。この場合は「興行」の在留資格で来日・滞在する必要があります。

2) 見学、視察等の目的での滞在

　例えば外国の取引先の役員・従業員による工場見学や施設の視察等は短期滞在での来日・滞在が可能です。また外国在住の内定者を企業が招聘し、入社前に会社見学をしてもらう、内定式に出席してもらうという場合も短期滞在の範囲内と考えられます。ただしこの場合でも報酬の支払いはないことが前提です。

3) 教育機関、企業等が行う講習、説明会等への参加

　学校や企業等が行う講習や説明会へ参加する場合であって、報酬が発生しない場合には短期滞在での来日・滞在が可能です。

　例えば、外国の子会社の社員が日本の親会社で研修を受ける場合、座学研修のみであって日本の会社から報酬を支払わない場合であれば、短期滞在での招聘が可能です。また、例えば「作業は伴うものの、研修で製作した成果物は全て廃棄し、市場には一切流通しない」、「接客のロールプレイ研修を全て研修センター内で行う」というような場合も短期滞在での活動内容と判断される場合があります。ただし滞在期間が90日を超える場合は「研修」の在留資格で来日・滞在する必要があります。

　また例えば日本の語学学校に１か月だけ通うような場合も短期滞在での来日・滞在が可能です。ただし滞在期間が90日を超える場合は「留学」の在留資格で来日・滞在する必要があります。

4) 報酬を受けないで行う講義、講演等

　セミナーや講演会で講師として講演や講義を行う、討論会で討論を行う場合であって、報酬を伴わない場合は、短期滞在での来日・滞在が可能です。例えば無料で市民講座等の講義を行う場合等がこれに該当します。

　また事業としての講演等ではない場合、例えば新聞社主催の単発の講演、講義や討論会にパネリストの１人として出席した場合の謝礼金は報酬に該当しないため、このような謝礼金を受けた場合であっても短期滞在の範囲内と考えられます。

5) 会議その他の会合への参加

例えば外国の取引先の役員・従業員が日本の会社の会合に出席する場合や、外国の子会社の従業員が子会社の社員として日本での会議等に出席する場合は短期滞在での来日・滞在が可能です。あくまで外国の取引先・子会社（外国の会社）の仕事として会議に出席するものであり、日本の会社の利益となる行為ではないからです。また例えば外国の子会社の役員がグループ会社の定例会に出席する場合も原則、短期滞在の範囲内となります。ただし、その役員が日本の会社の役員も兼業してる場合は注意が必要です。この点については「**11** コンプライアンス上問題となる事例」で詳述します。

6) 業務連絡、商談、契約調印、アフターサービス、宣伝、市場調査、その他のいわゆる短期商用

例として以下のケースが考えられます。外国企業の仕事として行う行為が該当します。

① 業務連絡、商談、契約調印

外国企業の役員・従業員が日本企業との商談や、契約調印を行う場合。

② アフターサービス、市場調査

外国の取引先から購入した機械の工場への据付けのために外国の取引先の従業員が来日、据付け作業を行う場合や機械の修理やアフターサービスを行う場合。

また外国の子会社の従業員が、その子会社の製品を日本の取引先に宣伝（営業）する行為。なお、日本の親会社の営業担当と外国の子会社の従業員が共に日本の取引先に出向く場合であっても、外国の子会社の従業員がその子会社の製品・サービスに関する宣伝（営業）を行うだけなのであれば、短期滞在として認められる可能性があります。

③ 宣伝

外国の取引先の製品を日本の展示会に出品し、展示・宣伝のために外国の取引先の従業員を来日させる場合で、その場で商品を販売せず且つ報酬も発生し

ない場合。

　ただし、その展示会で取引先の製品を販売したり、実演（例えば工芸品の製作、調理等）を行ったりする場合、その内容によっては「興行」の在留資格に該当する可能性がありますのでご留意ください。

　※　5)、6)で説明した活動は、あくまでも外国企業の外国における業務の一環として行われることが必要です。

7)　報酬を受けずに外国の大学生等が学業等の一環として本邦の公私の機関に受け入れられて実習を行う「90日」以内の活動（90日以内の無報酬での「インターンシップ」）

　外国の大学等に在学中の学生をインターンシップで受け入れる場合であって、報酬が発生しない場合には短期滞在での来日・滞在が可能です。

　なお学生のインターンシップに限り、例えば「マーケティングの一作業を担当する」、「製品デザインを書き起こす」といった活動も可能と考えられます。というのも、そもそもインターンシップとは「就業体験」であり、職場体験を通じて職業選択の幅を広げたり自身の適性を見極めること等を目的としているためです。そのため、インターンシップでの活動内容と大学での専攻とに関連性が求められ、専門性と全く関係のない分野でのインターンシップはほぼ認められないことに注意が必要です。また滞在日数が90日を超える場合は「文化活動」の在留資格を取得する必要があることにもご注意ください。

　なお、あくまで「学生のインターンシップ」に限り就業体験が認められるため、大学を卒業後に就職活動中である方、転職活動中である方を日本に招聘する場合にはこのような取扱いはなされません。この場合は雇用契約を締結した上で「技術・人文知識・国際業務」の在留資格で招聘するか、座学研修のみ（在留資格「研修」または「短期滞在」）とするかのいずれかになります。

4　滞在費、旅費等の負担について

　対象者の日本での滞在費や旅費等を招聘者側が負担することは認められます。ただし滞在費はあくまで滞在にかかる実費程度ですので、これが高額の場合は

「報酬」とみなされてしまうおそれがあります。

5 ビザ免除国について

　2020年7月の時点で以下の68の国・地域がビザ免除国として認められています。これらの国・地域のパスポートを保有している外国人は、原則、短期滞在の目的の場合に限り、ビザの発給を受けることなく来日・滞在が可能です。あくまで短期滞在の場合のみであり、日本で報酬を受ける活動を行う場合やビザ免除が認められる日数を超えて滞在する場合は、それぞれ必要なビザを取得して来日する必要があります。

　なお、ビザ免除が認められる日数は原則90日以内ですが、国・地域によってはそれよりも短い場合があります。またメキシコ、アイルランド、オーストリア、スイス、ドイツ、リヒテンシュタイン、英国は、ビザ免除でも6か月以内の滞在が認められていますが、この場合でも90日を超える場合にはその在留期間満了前に入国管理局で在留期間更新手続きを行う必要があります。また一部の国では所定のパスポート（IC旅券等）の所持者に限られます。

68のビザ免除措置国・地域一覧表（2020年5月時点）

アジア
インドネシア、シンガポール、タイ（15日以内）、マレーシア、ブルネイ（15日以内）、韓国、台湾、香港、マカオ
北米
米国、カナダ
中南米
アルゼンチン、ウルグアイ、エルサルバドル、グアテマラ、コスタリカ、スリナム、チリ、ドミニカ共和国、バハマ、バルバドス、ホンジュラス、メキシコ
大洋州
オーストラリア、ニュージーランド
中東
アラブ首長国連邦、イスラエル、トルコ
アフリカ
チュニジア、モーリシャス、レソト

欧州
アイスランド、アイルランド、アンドラ、イタリア、エストニア、オーストリア、オランダ、キプロス、ギリシャ、クロアチア、サンマリノ、スイス、スウェーデン、スペイン、スロバキア、スロベニア、セルビア、チェコ、デンマーク、ドイツ、ノルウェー、ハンガリー、フィンランド、フランス、ブルガリア、ベルギー、ポーランド、ポルトガル、北マケドニア、マルタ、モナコ、ラトビア、リトアニア、リヒテンシュタイン、ルーマニア、ルクセンブルク、英国

外務省ウェブサイト〈ビザ免除国・地域（短期滞在）〉
https://www.mofa.go.jp/mofaj/toko/visa/tanki/novisa.html より引用

6　短期滞在の在留資格の更新・変更

　短期滞在の更新（上記ビザ免除国［6か月］以外）はよほどの事情（人道上の真にやむをえない事情等）がある場合でない限り、認められません。例えば滞在中に病気となり、治療をする必要がある場合等に限定されます。したがって、基本的に当初の在留期間内に出国しなければならず、期間内に出国しない場合にはオーバーステイとなってしまいます。

　また短期滞在で来日し、その後、日本国内で他の在留資格に変更する場合も、よほどの事情がないと原則認められません。例えば短期滞在で来日・滞在中に日本の会社での就労が決まった場合であっても、「短期滞在」から「技術・人文知識・国際業務」に直接変更することは原則できません。

　なお、例えば「技術・人文知識・国際業務」の在留資格認定証明書交付申請後、短期滞在で来日・滞在中に在留資格認定証明書が交付されたような場合であっても、近年は正当な理由がないと原則変更は認められません（ただし、社会情勢の変化により対応が変わる場合もあります）。また変更申請自体が受け付けられても変更が許可となる保証はなく、且つ、不許可となった場合であっても在留資格認定証明書は返却されませんので、慎重に検討した上で申請を行うかどうかを決定する必要があります。

⑦　一次ビザと数次ビザについて

①　一次ビザ

　短期滞在のビザは原則として１回の入国に限り有効であり（一次ビザ）、発給の翌日から３か月の有効期限があります。

　そのため、例えば2020年４月１日に滞在期間30日の短期滞在のビザを受けた場合、2020年４月２日から３か月以内（＝2020年７月１日まで）に来日する必要があり、2020年６月30日に日本に入国した場合には2020年７月30日までに出国する必要があります。

　また一次ビザは、そのビザで来日して日本で入国審査を受けたときまたは上記有効期限が経過したときのいずれか早い時点で失効します。

＜ビザの有効期限と在留期限＞

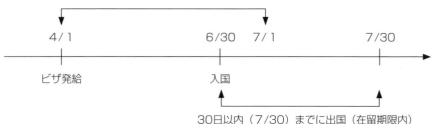

②　数次ビザ

　数次ビザは、ビザの有効期間（１～５年）の間であれば何度でも短期滞在で来日することができるものです。所定の要件を満たしている場合にのみ、発給を受けられます。

　数次ビザの場合、例えばビザの有効期間が１年で、認められた滞在期間が90日の場合、90日以内の来日・滞在を複数回行うことができます。

<ビザ見本>
　このような書面（シール）が対象者のパスポートに貼付されます。ビザの有効期限、滞在期間もビザに記載されています。

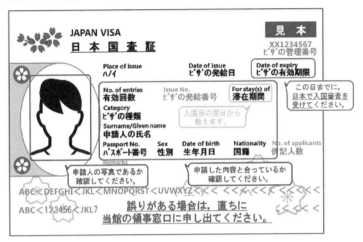

※　在ベトナム日本大使館〈ビザに関する注意事項〉
https://www.vn.emb-japan.go.jp/itpr_ja/JP_Visalnst.html より引用

8　180日ルール

　短期滞在の在留資格においては、「180日ルール」という暗黙のルールが存在します。1年のうち、短期滞在で通算して日本に滞在できるのは180日以内、というルールです。

　この「1年」とは1月1日から12月31日までといった決まった期間ではないことに注意が必要です。例えば2020年5月1日から90日間、短期滞在一次ビザで来日・滞在し、その後、2020年9月1日から90日間、短期滞在一次ビザで来日・滞在し、更に2021年3月1日から15日の短期滞在一次ビザで来日・滞在すると、1年の間（2020年3月16日〜2021年3月15日）に通算して180日を超えて日本に滞在していることになります。数次ビザでの来日でも同様です。

　1年の間に日本滞在期間が180日を超える場合、「実際には短期滞在に該当しない活動をしているのでは？」と入国管理局に疑われるリスクが高くなり、それ以降の入国時に厳しく審査されたり、最悪の場合、入国が認められない可能性があります。またこれ以外にも日本での納税義務が発生するなど課税上の問

題が生じるおそれがあります（課税上の183日ルール）。そのため、在留期間の管理に加え、短期滞在での通算滞在日数の管理も非常に重要となります。

⑨　外国の子会社からの研修受入れフローチャート

外国の子会社の従業員を日本で研修させたい場合、研修の内容、日数、報酬の有無等により以下のように該当する在留資格が変わります。

※　対象となる在留資格のうち、太枠のものは就労に関する在留資格であり、「報酬」の支払いが前提となります。

【図：外国子会社からの研修受入の在留資格フローチャート】

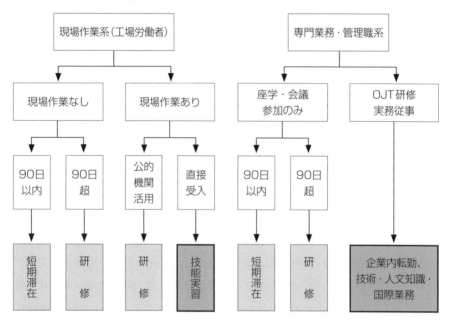

⑩　学生インターンシップの受入れフローチャート

　外国の大学等に在学する学生を日本でインターンシップさせたい場合、日数、報酬の有無等により以下のように該当する在留資格が変わります。

　なお、原則、インターンシップは教育課程の一部として、単位習得等の学業の一環として実施されることが要件とされています。またインターンシップの内容と学生の専攻との関連性についても留意する必要があります。

【図：学生インターンシップ受入れの在留資格フローチャート】

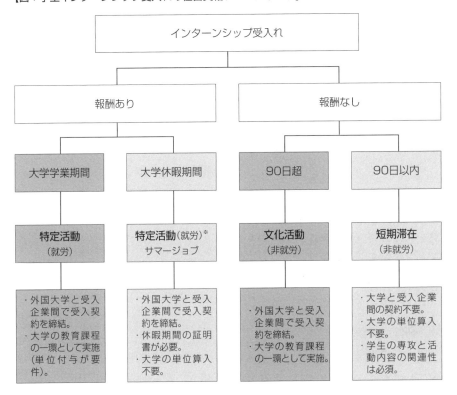

　※　特定活動（サマージョブ）は、大学の長期休暇（夏休み等）の間しか行うことができません。

11 コンプライアンス上問題となる事例

　短期滞在での来日・滞在で、入管法上認められていないものを、それを知らずにコンプライアンス違反となってしまうことがあります。そこで、これらの中から、特によく陥ってしまうケースを2つ紹介します。

1) IT開発企業が短期でシステム開発担当を受け入れるケース

① 短期のシステム開発

　日本のIT開発企業が自社用のシステム開発のために外国の取引先から開発担当を短期間招聘し、そのシステム開発に従事してもらう場合は、「システム開発」という実務を伴う活動であるため短期滞在の範囲外となってしまいます。したがってこのような場合は「技術・人文知識・国際業務」の在留資格で来日・滞在してもらう必要があります。

② 納入したシステムのメンテナンス

　日本のIT開発企業が自社用のシステム開発を外国の取引先に発注し、納入を受けた後にメンテナンスのために開発担当を短期間招聘し、そのメンテナンスに従事してもらう場合は、所謂「アフターサービス」に該当するため、報酬が発生しなければ短期滞在の範囲内と考えられます。ただし、メンテナンス業務を超える作業をさせると①の事例と同様に短期滞在の範囲外となるため注意が必要です。

③ 研修への参加

　日本のIT開発企業が外国の取引先の開発担当を短期間招聘し、自社の研修に参加してもらう場合は、その研修が座学であり、滞在期間が90日以内で報酬が発生しなければ短期滞在の範囲内と考えられます。ただし、90日を超える場合には「研修」の在留資格で来日・滞在してもらう必要があります。

④ 自社従業員へのレクチャー

　日本のIT開発企業が外国の取引先の開発担当を短期間招聘し、外国の取引先

が開発したシステムの研修に講師として参加してもらう場合は、滞在期間が90日以内で報酬が発生しなければ短期滞在の範囲内と考えられます。ただし、報酬を伴う場合は、90日以内であっても「技術・人文知識・国際業務」の在留資格で来日・滞在してもらう必要があります。

2)　外国人非常勤取締役の会議等の参加

　近年は、外国の子会社の取締役が日本の親会社の非常勤取締役を兼任するようなケースが増えてきています。このように、日本の会社と外国の会社の取締役を兼任し、日本側からも役員報酬を得ているような外国人が、日本で行われる定例会や会議に出席するために来日する場合、短期滞在の範囲外と判断されるため注意が必要です。

　というのも、例えば主たる目的が外国の会社の取締役としての出席であっても、日本の会社の取締役を兼任している以上は「日本の会社の取締役」としての活動も必然的に生じてしまい、純粋に「外国の会社の取締役」としての活動とは言えないためです。これは非常勤の取締役であっても変わりはありません。そのためこのような場合は、「経営・管理」の在留資格で来日・滞在してもらう必要があります。

第 **4** 章

トピックス
—コンプライアンスの視点から

■ うっかりミスが退去強制処分に？　外国人の在留期限切れと雇用企業の責任

　外国人が日本に滞在するためには、在留資格が必要です。在留期限が切れるタイミングをうっかり忘れてしまうと、在留資格が無い状況になり、オーバーステイとなるため日本での滞在のみならず、仕事をすることも認められません。

　オーバーステイの状況が警察や入国管理局に見つかった場合、その外国人は、3年以下の懲役若しくは禁錮若しくは300万円以下の罰金に処し、又はその懲役若しくは禁錮及び罰金を併科するとされています（入管法70条1項5号）。また、外国人だけでなく、雇用している企業等も不法就労助長罪として、3年以下の懲役若しくは300万円以下の罰金に処し、又は併科されるとされています（入管法73条の2第1項）。

1)　コンプライアンス事例　在留期限切れ

　企業内転勤で滞在している中国人Aさんは、仕事が忙しく自らの在留期限を徒過している事に気付かず、すでに在留期限から2か月間が経過していました。ふとしたときに思い出し、在留期限が切れていることに青ざめ、すぐに会社の人事に連絡しました。人事担当者も驚いて、私たち行政書士法人に相談がありました。すでに在留期限が切れてしまっているため、私たちは状況を把握した上で、その外国人の入国管理局への出頭に同行しました。

　この時に受けた処分は出国命令です。オーバーステイの状況が見つかると通常、退去強制の手続きとなり、入国管理局の施設へ収容された後、退去強制令書の発布を受け、本国に送還されることになります。退去強制処分を受けると、向こう5年は日本に入国することが認められません。出国命令は、オーバーステイであることを本人が認め入管へ出頭した場合に処分が軽減されるものですが、数回の出頭による調査の後、すぐに出国することになりました。出国命令を受けた者は、向こう1年間日本に入国することができません。このことは外国人本人にとっても、受入企業にとっても大きな問題となり、在留期限を管理することの重要性を痛感するできごとになりました。

2) 高まる在留資格管理における企業の責任

　外国籍社員が少なければ、このような問題が発生するリスクも少ないでしょう。しかし、大手企業や外資企業では、外国籍社員が100人を超える企業も少なくないため、企業側が在留資格情報を一元管理しなければ、上記の事例と同じ問題が発生します。実際に、エクセルなどでリスト管理している企業もありますが、最近ではクラウドで在留期限を管理しながら、申請書を自動作成できる便利なサービスも出てきています。在留期限は思わぬ落とし穴になりかねないため、定期的に確認できる仕組みを作ることをお勧めします。

❷　パート・アルバイトで外国人を雇用〜資格外活動許可〜

　近年は、コンビニや居酒屋でも外国人の店員さんを見かけることは珍しくなくなってきました。彼ら・彼女らの中には、「留学」や「家族滞在」の在留資格で日本に滞在している方も少なくありません。

　しかし、留学や家族滞在の在留資格での就労は認められていませんので、本来的には彼ら・彼女らは日本で働くことはできません。しかし、「資格外活動許可」を取得することにより、一定の条件下でパートやアルバイトを行うことができるようになります。

　以下、留学生等をパートやアルバイトで雇用する場合の留意点等について説明していきます。

STEP 1. 資格外活動許可での活動が認められている仕事か？

　大前提として、「風俗営業等」に関する仕事は、資格外活動許可を取得しても行うことができません。具体的には、「風俗営業等の規制及び業務の適正化等に関する法律」で規制されている事業です。キャバクラやスナック、バーだけではなく、マージャン店やパチンコ店、ゲームセンター等も対象となりますので十分に注意しましょう。

　また、これらの営業が営まれている営業所での活動自体認められていませんので、キャバクラ等での接客だけではなく、掃除や料理のみを行うことも認められません。こちらも十分に注意しましょう。

STEP 2. 資格外活動許可を取っているか？

　先に述べたように、「資格外活動許可」を取得している留学生等であれば、パートやアルバイトで雇用することができます。そのため、まず最初に対象者が「資格外活動許可」を取得しているかどうかを確認する必要があります。

　資格外活動許可を取得した外国人の在留カードの裏面の下部には、以下のようなスタンプが押印されていますので、在留カードを提示してもらい、スタンプがあるかどうかを確認しましょう。またパスポートにも以下のような証印が貼られます。

＜入国管理局HPより引用＞
http://www.immi-moj.go.jp/tetuduki/zairyukanri/whatzairyu.html
http://www.immi-moj.go.jp/tetuduki/zairyuu/shikakugai.html

　資格外活動許可を取得していない場合、別途、地方出入国在留管理局に「資格外活動許可申請」を行い、許可を受ける必要があります。許可を受けるまではパートもアルバイトもできませんのでご注意ください。

STEP 3. パートやアルバイトのできる時間を厳守する

　資格外活動許可を取得した留学生等を雇用した後は、労働時間を厳格に守る必要があります。上記のスタンプでも分かるように、原則週28時間を超えることはできません。

　「原則」とあるのは、留学生は夏休みや冬休みといった学校の長期休暇のみ、1日8時間以内の活動が認められるためです。これは留学の在留資格を持つ外国人に限定されますので、家族滞在等の在留資格を持つ外国人は、週28時間を

超えて働くことはできません。

　この「週28時間」のカウントですが、どの曜日から計算しても28時間以内であることが求められます。そのため、例えば以下のような場合は28時間超と判断されます。

土：8時間　　日：8時間

月：4時間　　火：5時間　　水：なし　　木：なし　　金：4時間　　土：7時間

日：8時間

※　月から日の計算だと28時間になるが、前の週の土から金の計算だと29時間になってしまう。

　また例えば掛け持ちでパートやアルバイトをしている方の場合、1か所28時間／週ではなく、合算で28時間／週であることが求められます。他にパートやアルバイトをしているかどうかを必ず事前に確認し、且つ、確認したことを書面に残しておきましょう。

　留学生の中には、1か所で週28時間以内なら良いと思い込んでいる方もいますので、よく説明しておくことも大切です。

＜その他の留意事項＞

　留学生の場合、「休学中」はパートやアルバイトはできません。あくまで学校に「在学」していることが必要となります。

　また特に留意すべきは、「留学」から「技術・人文知識・国際業務」への在留資格変更許可申請の審査期間中のアルバイトです。学校卒業前であれば問題ありませんが、変更許可申請のタイミングが遅れ、卒業〜入社までの間が空いた場合、この間の資格外活動許可でのアルバイトは認められませんので十分にご注意ください。卒業から入社までに間が空く場合は、別途就職内定者に許可される「特定活動」とこれに伴う資格外活動許可を取得する必要があります。

❸　雇用時の在留カード確認〜偽造防止確認〜

　近年は偽造の在留カードの精度も向上しており、パッと見では偽物か分からないものも多く出回っています。新入社員や自社で外国から招聘した外国人であれば偽造の在留カードであることはほぼありませんが、中途採用やパート、アルバイトで外国人を雇用する場合はその在留カードが本物かどうか、出入国在留管理庁が提供している偽造防止確認サイト「在留カード等番号失効情報照会」を利用してチェックされることをおすすめします。

　在留カード番号と有効期限を入力すると、実在する在留カード番号かどうかが確認できます。

＜在留カード等番号失効情報照会トップページ＞

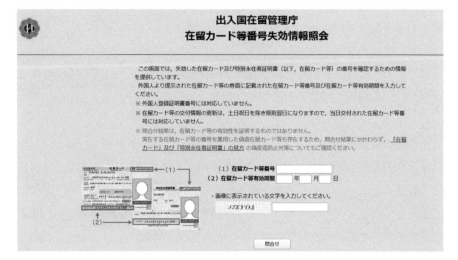

https://lapse-immi.moj.go.jp/ZEC/appl/e0/ZEC2/pages/FZECST011.aspx

　ただし、実在する在留カード番号を利用した偽造在留カードも存在するため、以下のチェック項目に基づき、偽変造防止対策の有無を確認しましょう。

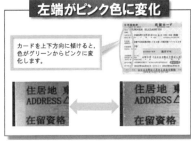

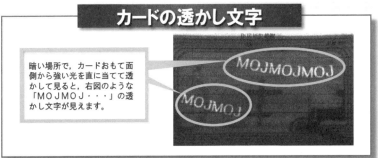

（上記いずれも出入国在留管理庁ウェブサイトより引用
http://www.immi-moj.go.jp/newimmiact_1/pdf/zairyu_syomei_mikata.pdf）

　また在留カード内部にはセキュリティ機能を有する半導体集積回路（ICチップ）が埋め込まれており、このICチップに本人情報が記録されています。カードリーダー等でこのICチップに記録された情報を読み出しできるよう、読み出しにかかる仕様書が出入国在留管理庁のウェブサイトで公開されており、民間でもこれを使用した管理システムやソフトウェアが販売されています。

（出入国在留管理庁ウェブサイト
http://www.immi-moj.go.jp/info/pdf/120424/data_01.pdf）

参考文献

法務省ホームページ　http://www.moj.go.jp/tetsuduki_shutsunyukoku.html

出入国在留管理庁ホームページ　http://www.immi-moj.go.jp/

外国人技能実習機構ホームページ　https://www.otit.go.jp/

入国・在留審査要領

特定技能外国人受入れに関する運用要領

独立行政法人労働政策研究・研修機構　調査シリーズ No.61　外国人労働者の雇用実態と就業・生活支援に関する調査　発行年月日2009年 6 月25日

　https://www.jil.go.jp/institute/research/2009/061.html

著者プロフィール

鶴野　祐二（つるの　ゆうじ）

行政書士法人シンシアインターナショナル代表社員

行政書士、中小企業診断士

1973年千葉県生まれ。

住友商事株式会社を経て、2008年に独立。

大手から外資、ベンチャーまでグローバル展開する企業の外国人雇用に伴う諸手続きをワンストップでサポートする。入管法に留まらず、社会保険、労働保険、各種税法の視点を踏まえた総合的なアドバイスが、コンプライアンスを重視するグローバル企業の評価を受けている。東京商工会議所海外展開エキスパート。

山岸　孝浩（やまぎし　たかひろ）

行政書士法人シンシアインターナショナル副代表

特定行政書士

1972年埼玉県生まれ。

アパレルメーカー勤務を経て、2013年に独立後2018年に同法人と合流。

神奈川県行政書士会国際部員、在留資格関連セミナーの講師も多く務めるなど入管法、国際業務のスペシャリストとして活動を続けている。

太田　洋子（おおた　ようこ）

行政書士法人シンシアインターナショナル社員

行政書士、弁理士

1980年生まれ。

特許事務所、一部上場化学メーカーを経て、2010年に特許事務所および行政書士事務所を設立。2013年に同法人と合流。

弁理士として国内外の特許・実用新案・意匠・商標の権利化をサポートする一方で、精力的に外国人在留資格の行政書士業務をこなす。法的思考力と文書作成力を武器に、圧倒的な申請許可実績を維持する。ジェトロ高度外国人材活躍推進プラットフォーム事業高度外国人材スペシャリスト業務受託。

＜連絡先＞

〒215-0004

神奈川県川崎市麻生区万福寺１-１-１　新百合ヶ丘シティビルディング304号室

行政書士法人シンシアインターナショナル

TEL　044-299-7218

E-mail：info@sincere-intl.com

著者との契約により検印省略

令和3年2月20日　初版発行　知らなかったではすまされない
　　　　　　　　　　　　　　外国人雇用の在留資格判断に
　　　　　　　　　　　　　　迷ったときに読む本

編　　者　行政書士法人
　　　　　シンシアインターナショナル
著　　者　鶴　野　祐　二
　　　　　山　岸　孝　浩
　　　　　太　田　洋　子
発 行 者　大　坪　克　行
印 刷 所　光 栄 印 刷 株 式 会 社
製 本 所　牧 製 本 印 刷 株 式 会 社

発 行 所　〒161-0033 東京都新宿区　株式　税務経理協会
　　　　　下落合2丁目5番13号　会社

振　替　00190-2-187408　　電話　(03)3953-3301（編集部）
FAX　(03)3565-3391　　　　　　(03)3953-3325（営業部）
URL　http://www.zeikei.co.jp/
乱丁・落丁の場合は，お取替えいたします。

© 　行政書士法人シンシアインターナショナル　2021　　　Printed in Japan

ISBN978-4-419-06761-8　C3034